DIBUJAR EN 10 PASOS

mariposas y otros insectos

Título original: *10 Step Drawing – Butterflies & other Insects*

© 2026 Librero b.v. (edición española)
Hambakenwetering 8B
5231 DC 's-Hertogenbosch
Países Bajos
www.librero.nl

© 2026 Quarto Publishing plc

Responsable editorial: James Evans
Dirección editorial: Isheeta Mustafi
Dirección de arte: James Lawrence
Edición ejecutiva: Lucy Tipton
Editor principal: Joanna Bentley
Edición del proyecto: May Corfield
Diseño: JC Lanaway

Producción de la edición española:
Traducción: Antonio Vizcarra para Delivering iBooks & Design
Redacción y maquetación: Delivering iBooks & Design, Barcelona

Distribución exclusiva de la edición española:
Librero IBP S. L.
C/ Paseo de los Olmos, n.º 20
Planta 1.ª, Oficina 7
28005 Madrid, España
www.librero-ibp.es

Printed and bound in Huizhou, Guangdong, China TT/Dec/2025

ISBN: 978-94-6499-157-4

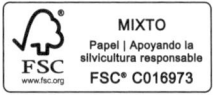

DIBUJAR EN 10 PASOS

mariposas y otros insectos

CÓMO DIBUJAR 55 INSECTOS EN SOLO 10 PASOS

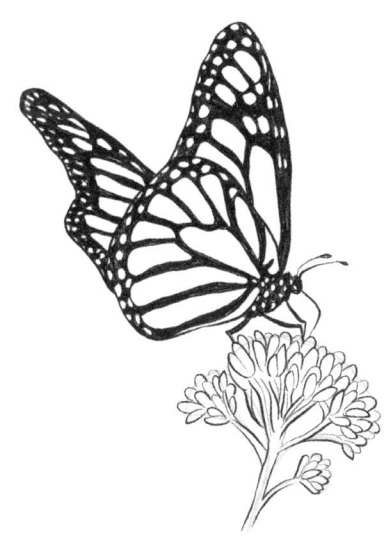

JUSTINE LECOUFFE

Librero

Índice

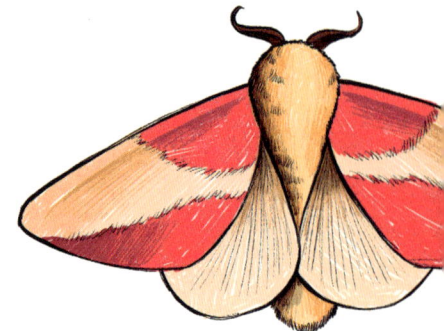

⋙ Mariposas y polillas

⋙ Escarabajos

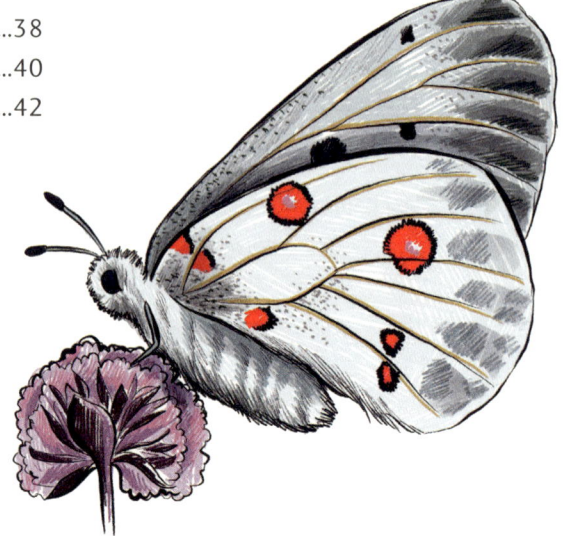

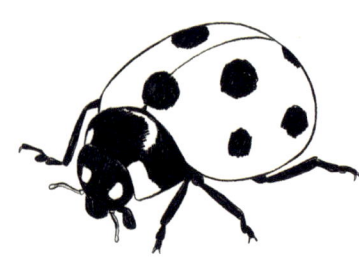

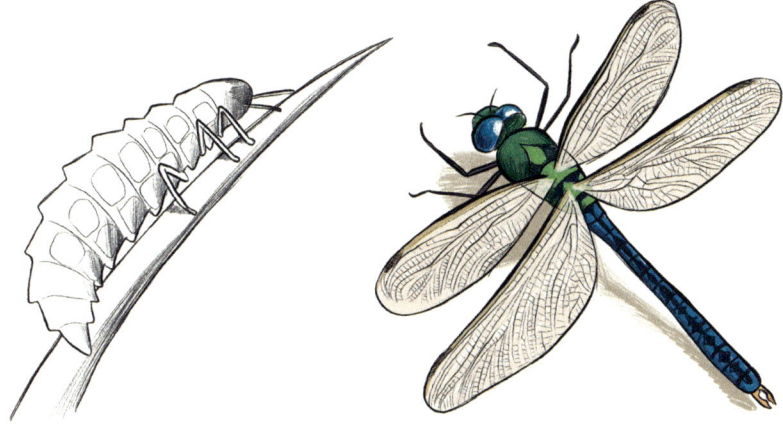

>>> Insectos

>>> Avispas, abejas y hormigas

>>> Otros insectos voladores

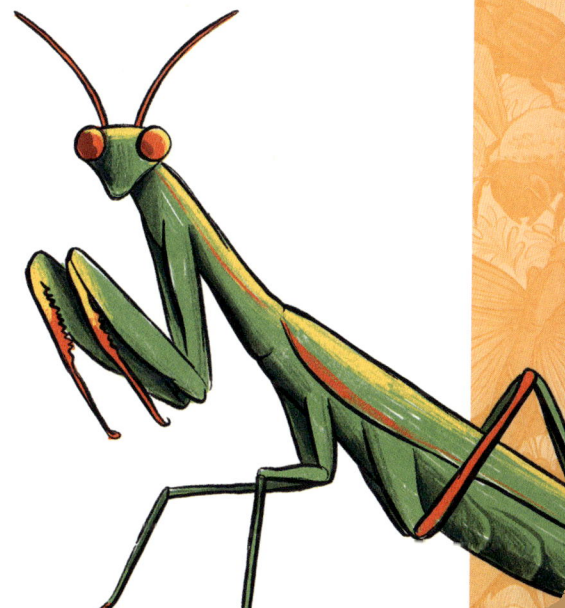

Introducción

Este libro contiene 55 ilustraciones de insectos creadas en solo 10 sencillos pasos.

Tanto si es un artista principiante que desea mejorar sus habilidades como si es un ilustrador experimentado que desea perfeccionar su técnica, este libro le enseñará paso a paso cómo dibujar estas pequeñas criaturas.

Mediante técnicas fáciles y consejos muy útiles, dividiremos cada dibujo en pasos sencillos, para que pueda mejorar sus habilidades y divertirse al mismo tiempo.

COLORES

Se incluye una paleta de colores al final de cada dibujo terminado, pero solo es orientativa: siéntase libre de experimentar y usar sus tonalidades favoritas, tanto si prefiere tonos realistas como si desea explorar combinaciones de colores más imaginativas.

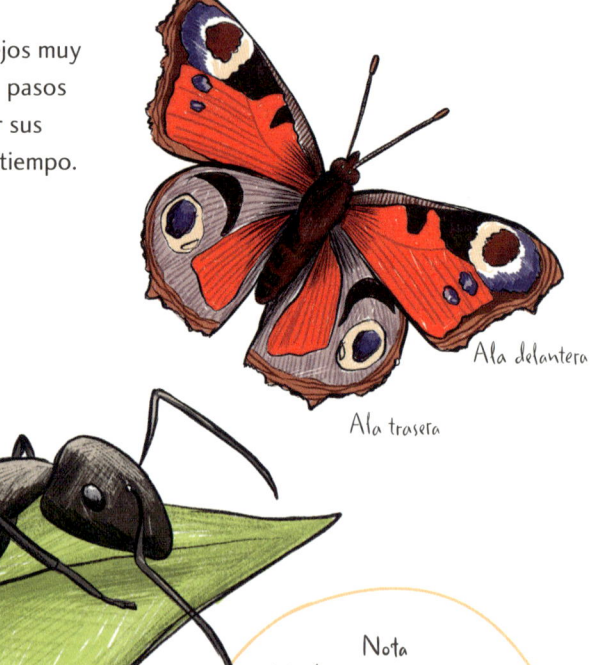

Ala delantera

Ala trasera

6

Nota
Muchos insectos comparten partes del cuerpo similares. Se encontrará términos como tórax (la parte delantera del cuerpo), abdomen (la parte trasera del cuerpo) y antenas, que son apéndices situados en la cabeza del insecto que le sirven para oler, oír y tocar.

Cómo usar este libro

UTENSILIOS BÁSICOS

Papel: sirve cualquiera, pero con papel para bocetos obtendrá mejores resultados.

Lápiz, goma de borrar y sacapuntas: pruebe lápices de diferentes durezas y use una goma y un sacapuntas de buena calidad.

Pluma: para entintar los contornos y los detalles finales. Lo más recomendable es usar una pluma estilográfica de punta fina o media (la tinta es mejor que el bolígrafo, porque se seca enseguida y es menos probable que le queden borrones).

Regla pequeña: es opcional, pero puede serle útil para dibujar las guías.

LÍNEAS AZULES Y NEGRAS

Azules: para las formas guía. Representan las formas básicas y las líneas estructurales de las ilustraciones. Dibújelas con lápiz para que pueda borrarlas cuando llegue el momento.

Negras: para el dibujo final. Estas líneas formarán parte de la ilustración terminada y puede trazarlas directamente con tinta. Si no se siente seguro, hágalas primero con lápiz para poder corregirlas y luego repase las formas finales con tinta. Recuerde que la tinta debe estar seca antes de borrar el lápiz de debajo.

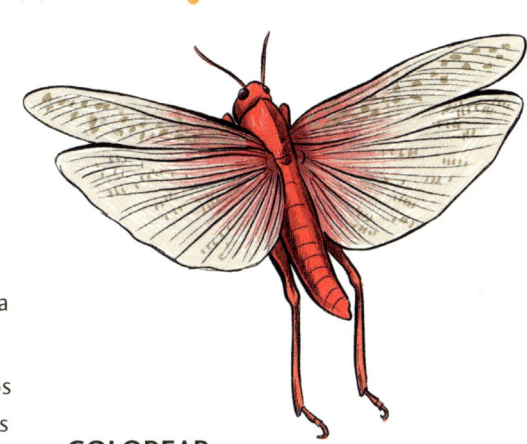

COLOREAR

Además de inundar la naturaleza, los insectos presentan una serie de particularidades y detalles que los hacen ideales para dibujar y colorear.

No se salga de la raya y procure tener los lápices bien afilados para poder trabajar las áreas más pequeñas. Para conseguir un tono más claro o más oscuro, pinte varias capas o ejerza más o menos presión con el lápiz. Existen varias opciones para pintar los dibujos. ¿Por qué no experimenta con todas ellas?

Lápices de colores: es la opción más sencilla. Un juego completo de lápices, de unos 24 colores, es todo lo que necesitará.

Pintura y pinceles: aunque la pintura acrílica y el óleo permiten cubrir posibles errores, quizá la acuarela sea la pintura más fácil de usar para los principiantes. Necesitará dos o tres pinceles de diferentes medidas, al menos uno de ellos muy fino.

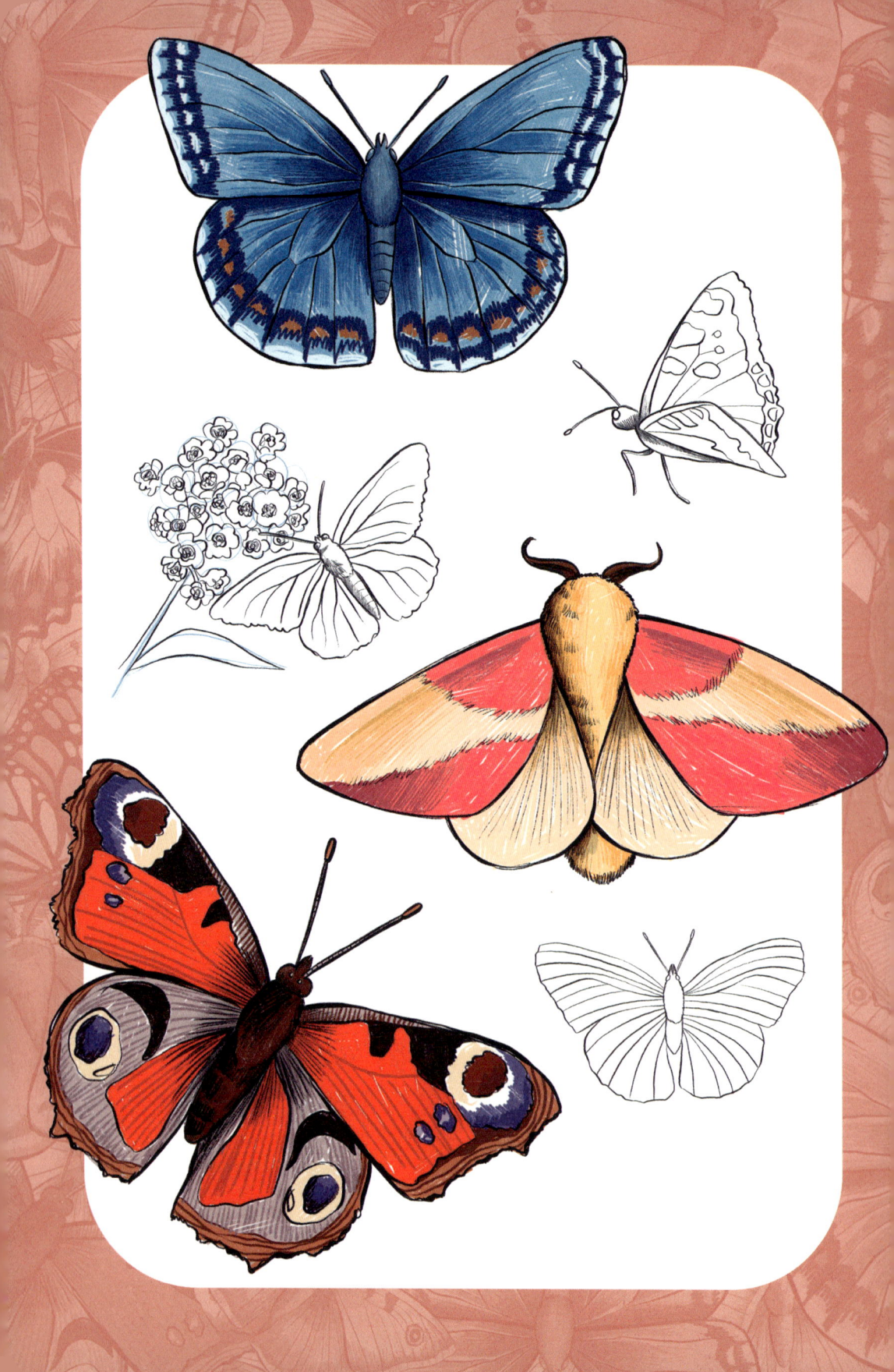

Mariposas y polillas

Almirante rojo

Esta atractiva mariposa tiene las alas ligeramente irregulares, lo que le brinda la oportunidad de practicar el dibujo de bordes ondulados.

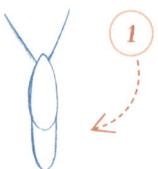

1 Dibuje un óvalo para hacer el tórax. Debajo del óvalo, trace el abdomen. Añada dos líneas guía en la parte superior para las antenas.

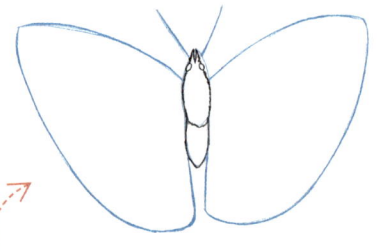

2 Dibuje las alas de la mariposa. Preste atención a la longitud de las líneas en relación con el cuerpo.

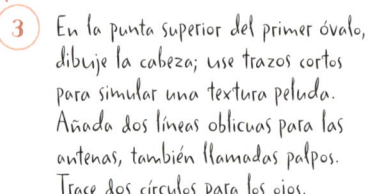

3 En la punta superior del primer óvalo, dibuje la cabeza; use trazos cortos para simular una textura peluda. Añada dos líneas oblicuas para las antenas, también llamadas palpos. Trace dos círculos para los ojos.

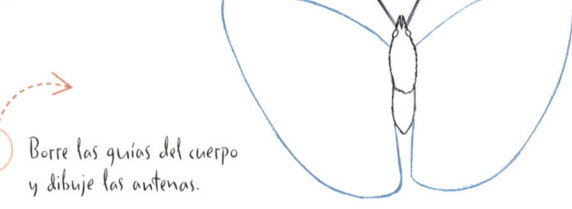

4 Borre las guías del cuerpo y dibuje las antenas.

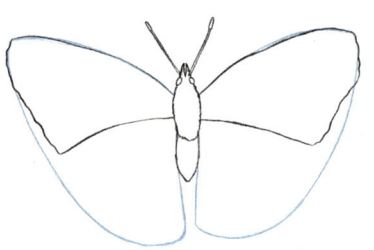

5 Dibuje las alas delanteras de la mariposa, redondeando las esquinas y curvando los lados. Use líneas onduladas en los bordes exteriores de cada ala para conseguir un aspecto más orgánico.

10

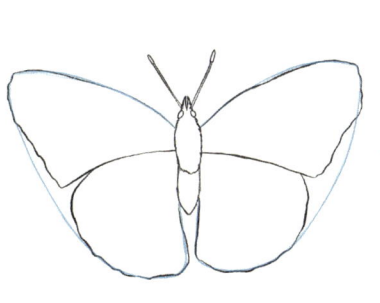

6 Dibuje las alas inferiores, o traseras, haciéndolas más redondeadas que las delanteras, pero también con bordes ondulados.

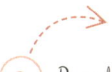

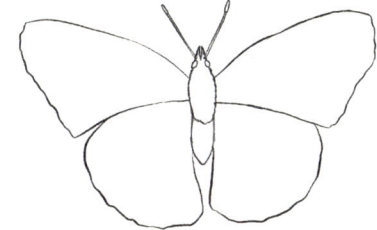

7 Borre las guías.

8 Dibuje líneas onduladas a lo largo de las alas.

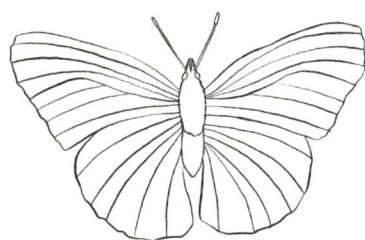

9 Ahora coloree su ilustración utilizando diferentes tonos de marrón para pintar el cuerpo y el interior de las alas, y naranja y azul para la parte exterior de las alas delanteras.

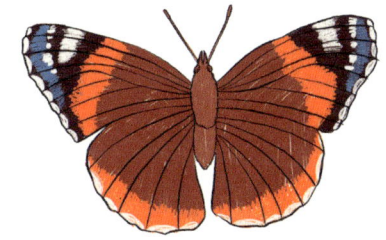

10 Añada algunas sombras y difumine de forma gradual los colores para dar profundidad y contraste al cuerpo y las alas. Añada algunos puntitos marrones en las puntas de las alas traseras.

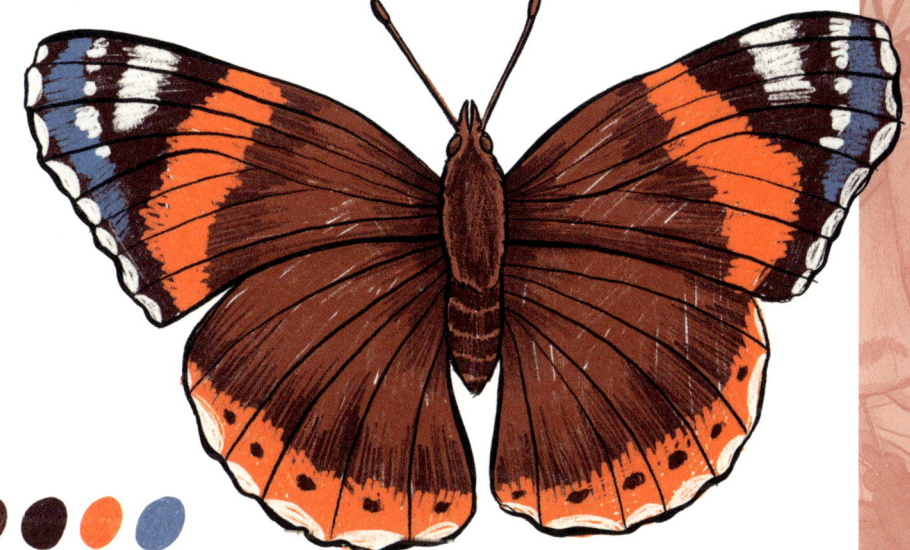

Mariposa pavo real

Esta llamativa mariposa es fácil de reconocer porque tiene unas manchas oculares que sirven para confundir a los depredadores. También tiene alas con bordes ondulados.

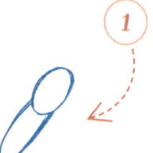

1 Empiece dibujando un óvalo para hacer el tórax de la mariposa. Debajo del óvalo, dibuje una forma delgada y curvada para el abdomen.

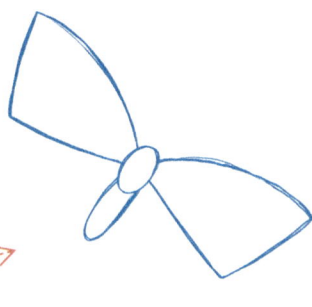

2 Dibuje las alas delanteras de modo que se extiendan desde la parte superior del tórax.

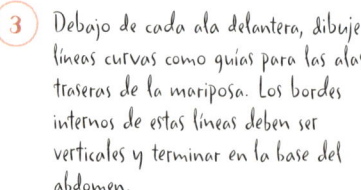

3 Debajo de cada ala delantera, dibuje líneas curvas como guías para las alas traseras de la mariposa. Los bordes internos de estas líneas deben ser verticales y terminar en la base del abdomen.

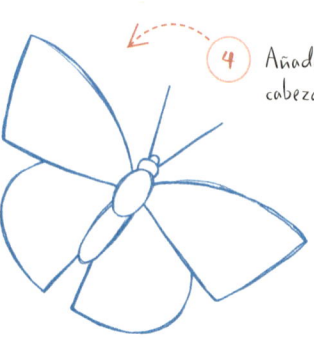

4 Añada guías para la cabeza y las antenas.

5 Empiece a esbozar el cuerpo de la mariposa con una serie de trazos cortos.

12

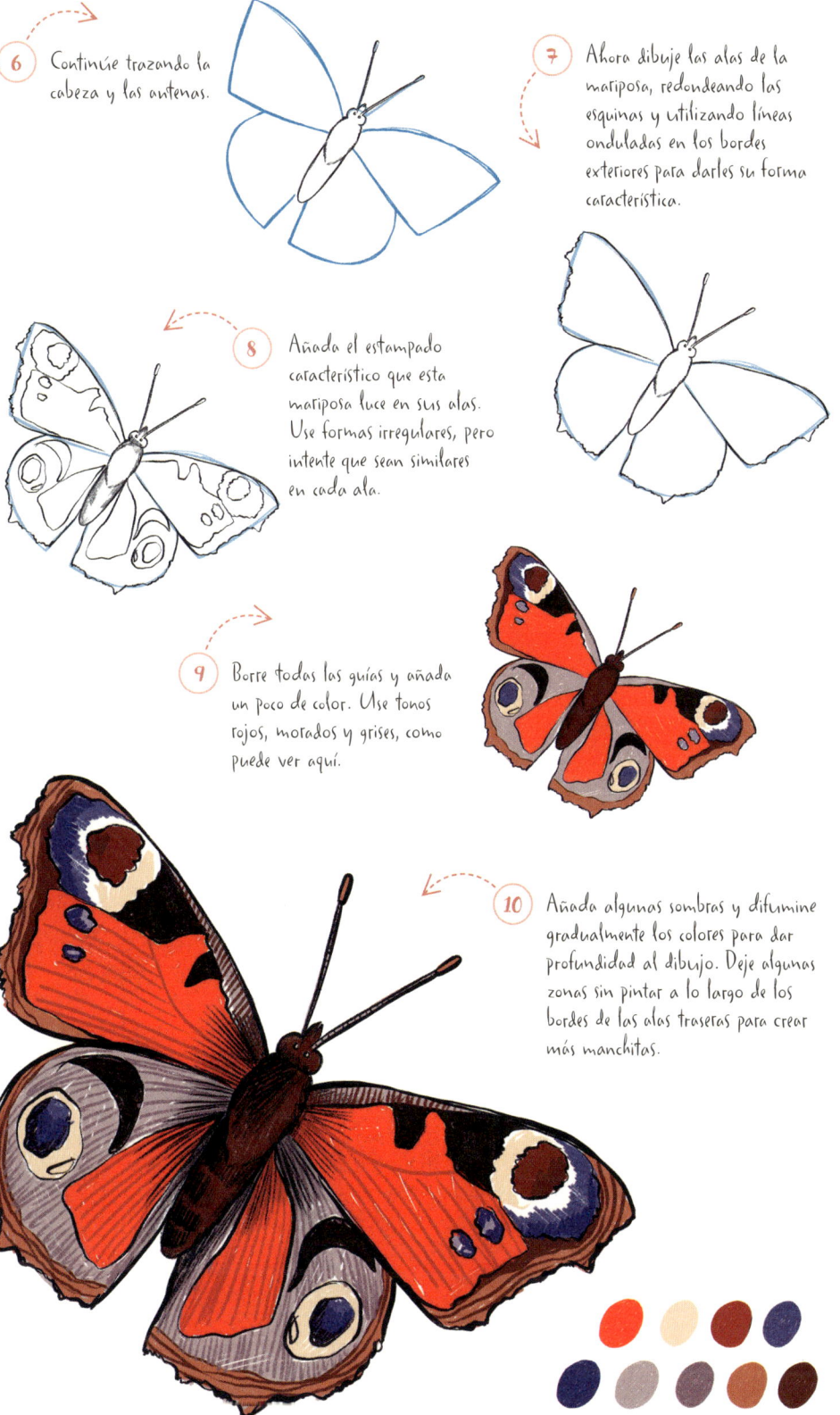

6 Continúe trazando la cabeza y las antenas.

7 Ahora dibuje las alas de la mariposa, redondeando las esquinas y utilizando líneas onduladas en los bordes exteriores para darles su forma característica.

8 Añada el estampado característico que esta mariposa luce en sus alas. Use formas irregulares, pero intente que sean similares en cada ala.

9 Borre todas las guías y añada un poco de color. Use tonos rojos, morados y grises, como puede ver aquí.

10 Añada algunas sombras y difumine gradualmente los colores para dar profundidad al dibujo. Deje algunas zonas sin pintar a lo largo de los bordes de las alas traseras para crear más manchitas.

Mariposa de la ortiga

El atractivo estampado negro, naranja y azul de esta mariposa la hace fácilmente reconocible.
He aquí una buena oportunidad para practicar el perfil de una mariposa.

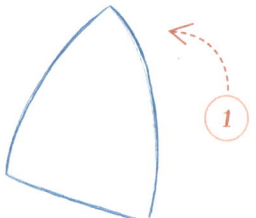

1 Dibuje una forma triangular curvada como guía para el ala derecha de la mariposa.

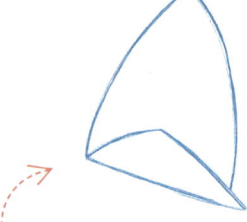

2 Sobre la parte inferior del ala derecha, dibuje un triángulo pequeño alargado como guía para el ala izquierda.

3 A continuación, dibuje un pequeño círculo para la cabeza. Trace una línea curva que conecte la cabeza con las alas para formar el tórax. Añada dos líneas guía para las patas.

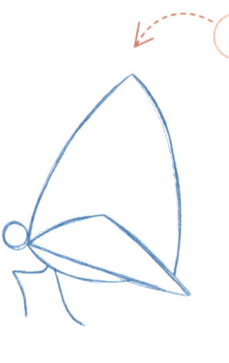

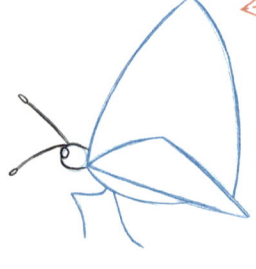

4 Dibuje el ojo, la cabeza y las antenas de la mariposa.

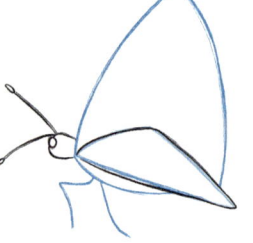

5 Ahora dibuje el ala izquierda.

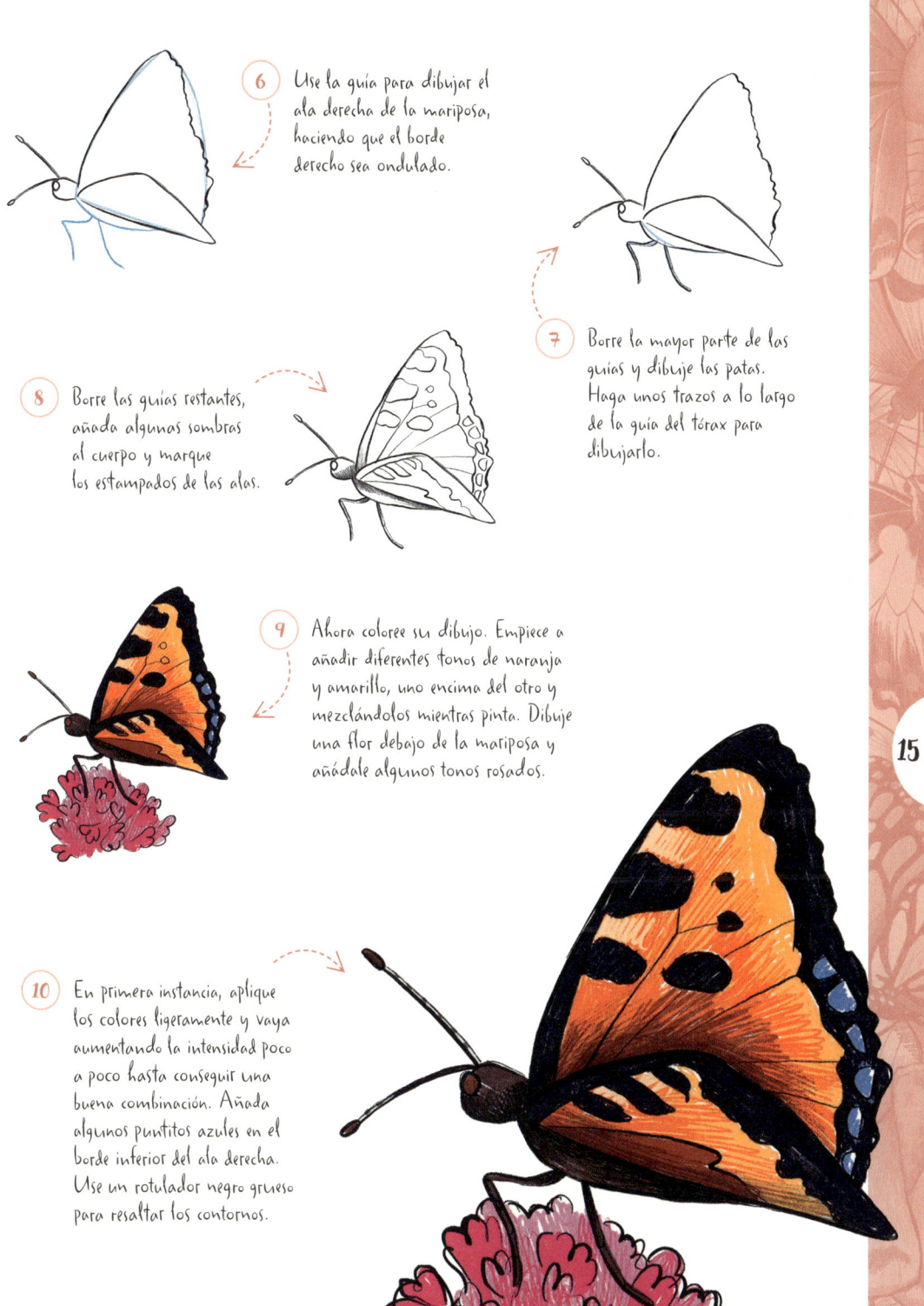

6 Use la guía para dibujar el ala derecha de la mariposa, haciendo que el borde derecho sea ondulado.

7 Borre la mayor parte de las guías y dibuje las patas. Haga unos trazos a lo largo de la guía del tórax para dibujarlo.

8 Borre las guías restantes, añada algunas sombras al cuerpo y marque los estampados de las alas.

9 Ahora coloree su dibujo. Empiece a añadir diferentes tonos de naranja y amarillo, uno encima del otro y mezclándolos mientras pinta. Dibuje una flor debajo de la mariposa y añádale algunos tonos rosados.

10 En primera instancia, aplique los colores ligeramente y vaya aumentando la intensidad poco a poco hasta conseguir una buena combinación. Añada algunos puntitos azules en el borde inferior del ala derecha. Use un rotulador negro grueso para resaltar los contornos.

Mariposa loba

Esta mariposa presenta tonos marrones, amarillos y naranjas, así como una mancha en forma de ojo en cada ala delantera que la hacen muy especial.

1 Empiece dibujando un óvalo como guía para el tórax. Debajo del óvalo, añada el abdomen.

2 Trace una pequeña línea curva como guía para la cabeza de la mariposa y dos líneas para las antenas.

3 Esboce dos formas triangulares grandes y redondeadas que se extiendan desde el tórax para las alas delanteras.

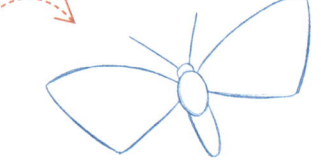

4 Para las alas traseras, trace dos formas redondeadas que se extiendan por debajo de las alas delanteras. Los bordes deben ser lisos y redondeados.

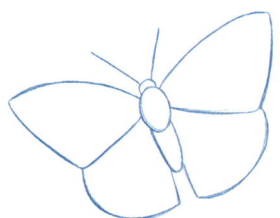

5 En el primer óvalo, dibuje la cabeza mediante trazos cortos para obtener una textura peluda. A continuación, dibuje las antenas y dos círculos para los ojos.

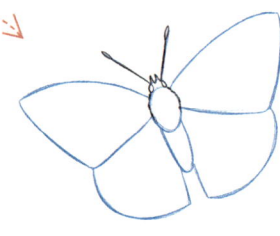

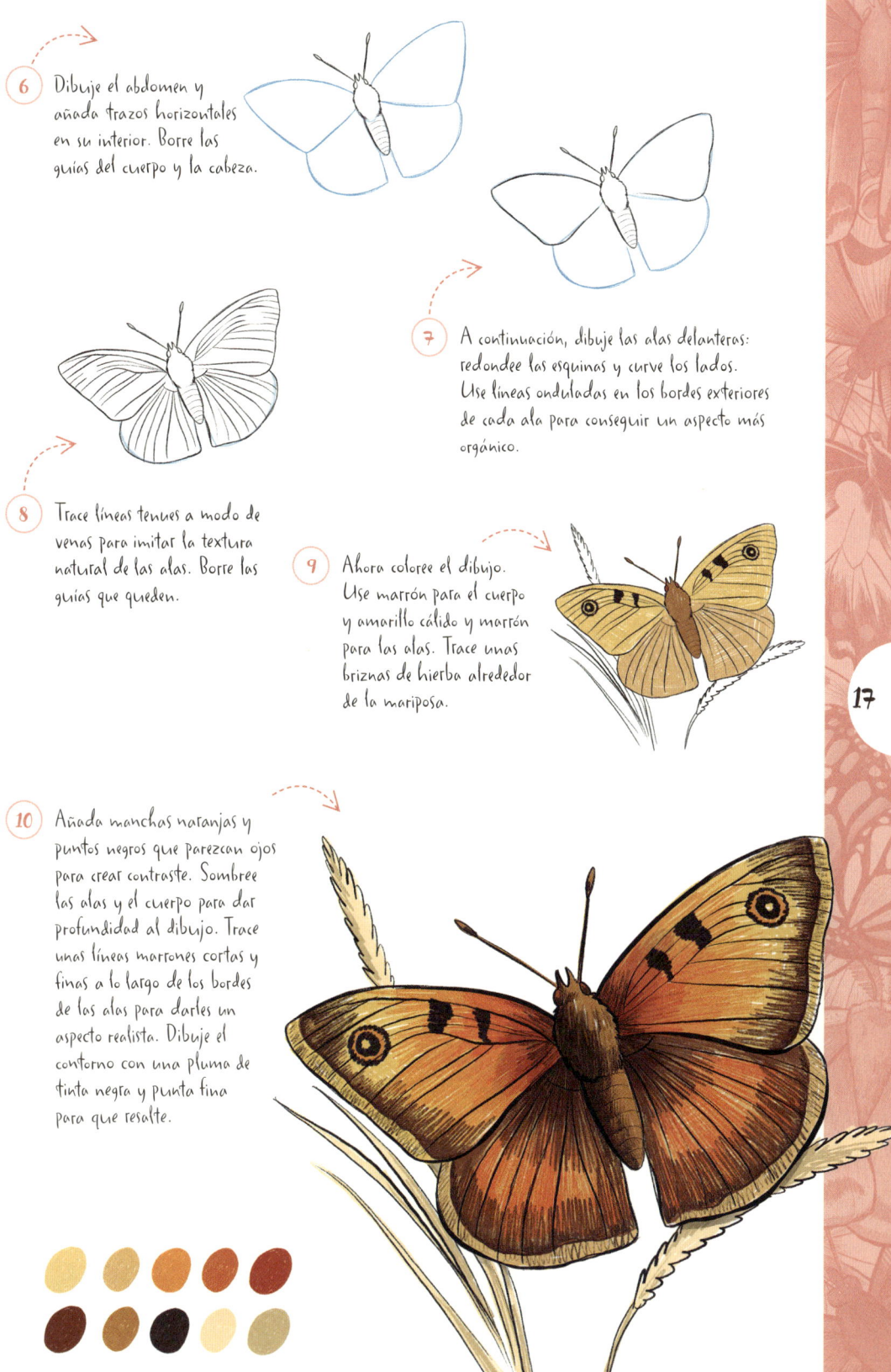

6 Dibuje el abdomen y añada trazos horizontales en su interior. Borre las guías del cuerpo y la cabeza.

7 A continuación, dibuje las alas delanteras: redondee las esquinas y curve los lados. Use líneas onduladas en los bordes exteriores de cada ala para conseguir un aspecto más orgánico.

8 Trace líneas tenues a modo de venas para imitar la textura natural de las alas. Borre las guías que queden.

9 Ahora coloree el dibujo. Use marrón para el cuerpo y amarillo cálido y marrón para las alas. Trace unas briznas de hierba alrededor de la mariposa.

10 Añada manchas naranjas y puntos negros que parezcan ojos para crear contraste. Sombree las alas y el cuerpo para dar profundidad al dibujo. Trace unas líneas marrones cortas y finas a lo largo de los bordes de las alas para darles un aspecto realista. Dibuje el contorno con una pluma de tinta negra y punta fina para que resalte.

17

Mariposas y polillas
Ícaro

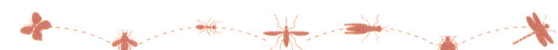

El ícaro macho, de colores vivos, se distingue de la hembra, que es marrón. Practique el sombreado en este dibujo para imitar las sutiles venas de las alas.

1 Esboce un pequeño óvalo para el tórax y una forma ovalada larga y delgada para el abdomen de la mariposa.

2 A continuación, trace una pequeña línea curva como guía para la cabeza y añada dos líneas para las antenas.

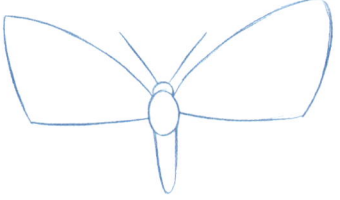

3 Esboce dos formas triangulares grandes y redondeadas para las alas delanteras.

4 Para las alas traseras, añada dos formas redondeadas y curvadas hacia fuera.

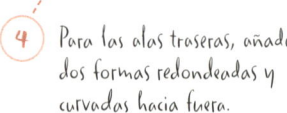

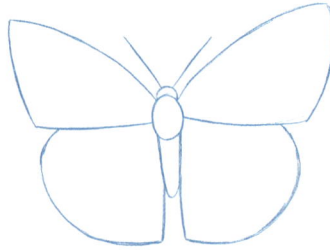

5 Con una pluma, dibuje los detalles de la cabeza y las antenas. Trace dos círculos para los ojos de la mariposa.

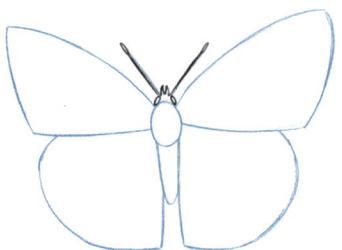

6 Añada trazos cortos en el contorno del tórax para representar el pelaje. Dibuje el abdomen y trace algunas líneas horizontales para los segmentos.

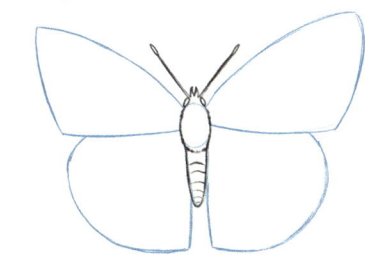

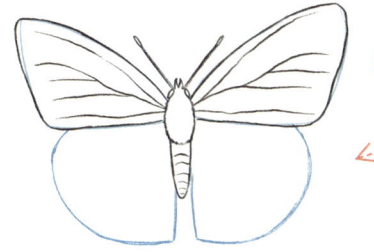

7 Dibuje las alas delanteras con las esquinas redondeadas y los lados curvados. Añada unas líneas tenues para las venas.

8 A continuación, dibuje las alas traseras y añada más líneas para las venas. Borre las guías.

9 Coloree la parte central de las alas con un azul brillante e intenso. Pinte el cuerpo en un tono azul más oscuro. Luego, añada manchitas marrones en el borde inferior de las alas traseras.

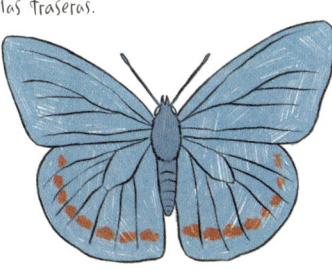

10 Obtenga un efecto degradado oscureciendo la zona que rodea el cuerpo. Ensombrezca los bordes de las alas con un lápiz azul oscuro. Añada sombras y reflejos para que las alas parezcan más reales. Por último, repase el contorno del dibujo con una pluma de punta fina y tinta negra para conseguir un aspecto más pulido.

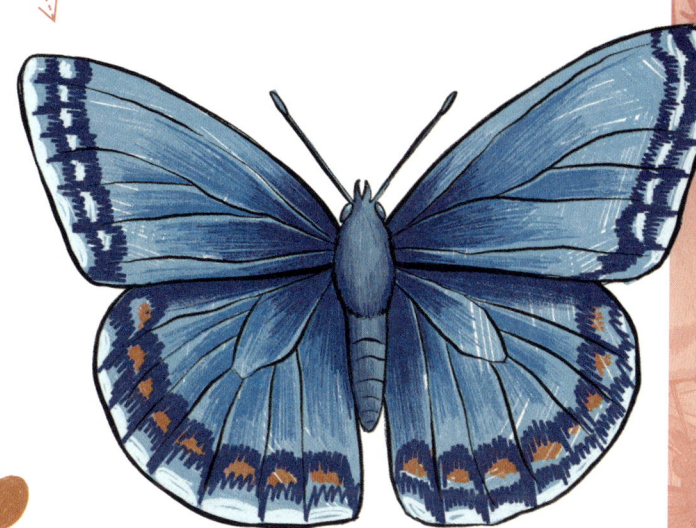

19

Mariposas y polillas
Esfinge colibrí

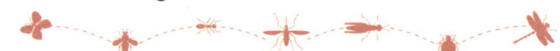

Esta mariposa nocturna tan conocida resulta intrigante, ya que no deja de revolotear mientras se alimenta, igual que un colibrí.

1 Dibuje una forma ovalada alargada como guía para el cuerpo de la polilla.

2 Para hacer las alas, esboce dos triángulos alargados y redondeados como guías. Añada un pequeño círculo para el ojo.

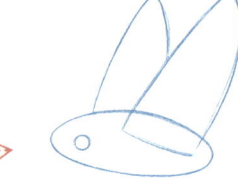

3 A continuación, trace dos líneas cortas como guías para las antenas y una línea larga curvada hacia abajo para la trompa (la parte de la boca larga y tubular).

4 Añada líneas para las venas y estampados sutiles al ala izquierda para imitar la textura natural.

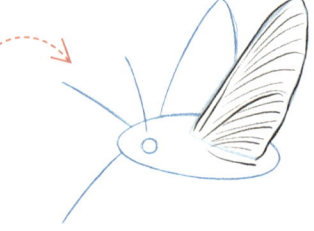

5 Use trazos cortos y finos para dar textura al cuerpo peludo de la polilla y acábelo en punta. Borre las guías del ala izquierda.

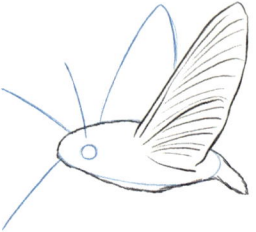

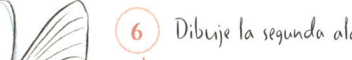

6 Dibuje la segunda ala.

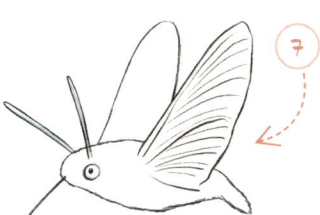

7 A continuación, haga lo mismo con las antenas, la trompa y el ojo.

8 Añada un sutil sombreado en las alas y el cuerpo. Defina los detalles y borre las guías que hayan quedado. Dibuje líneas horizontales en las antenas y trace líneas curvas para crear el contorno de la flor.

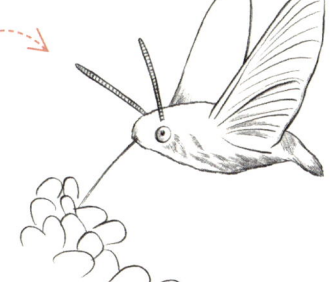

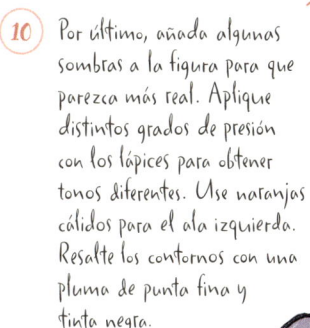

9 Añada tonos marrones en la parte superior del cuerpo y en la cara interna del ala derecha. Use un marrón más claro para el ala izquierda. Coloree la parte inferior del cuerpo con un gris suave y pinte las flores de morado.

10 Por último, añada algunas sombras a la figura para que parezca más real. Aplique distintos grados de presión con los lápices para obtener tonos diferentes. Use naranjas cálidos para el ala izquierda. Resalte los contornos con una pluma de punta fina y tinta negra.

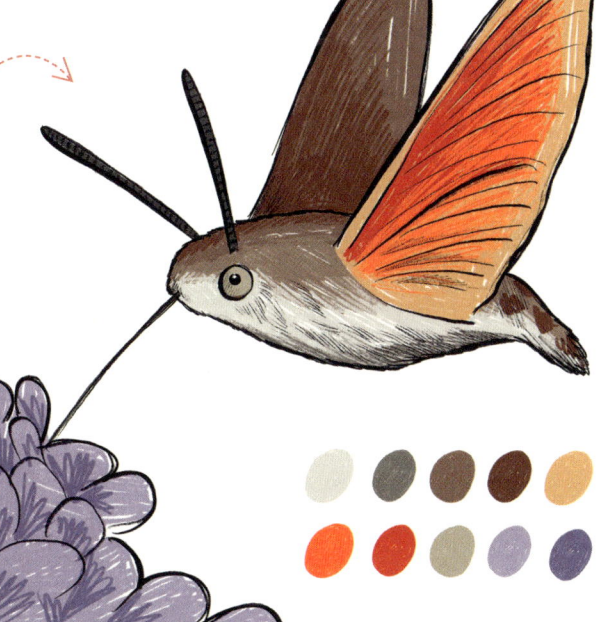

Mariposa de los muros

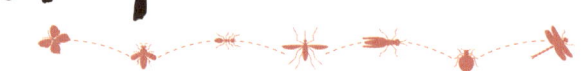

Este ejercicio es estupendo para dibujar una mariposa de perfil. Se ve el ala derecha entera y la izquierda se representa con una forma horizontal delgada. Asegúrese de colorearla de amarillo en toda su extensión para que se vea bien.

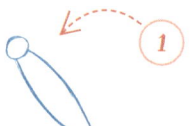

1 Empiece esbozando un pequeño círculo como guía para la cabeza. Luego, añada un óvalo alargado para el cuerpo.

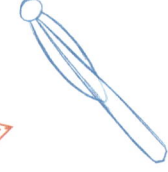

2 Sobre el cuerpo, dibuje una forma larga y delgada como guía para el ala izquierda, que apenas se mostrará.

3 Dibuje dos triángulos redondeados como guías para el ala derecha.

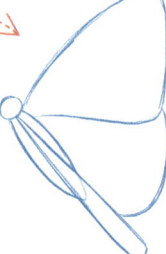

4 Añada guías para las antenas y dos líneas inclinadas para las patas. Esboce unas guías para dibujar la rama en la que descansa la mariposa.

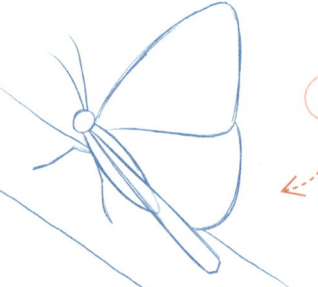

5 Con una pluma, dibuje el ala izquierda; el borde del extremo debe ser ligeramente ondulado.

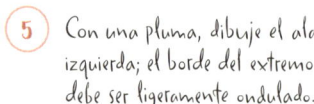

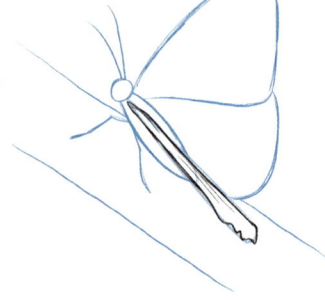

22

6 Dé al ala derecha un contorno ligeramente ondulado. Haga trazos cortos con el lápiz para que parezca que el cuerpo del insecto es peludo.

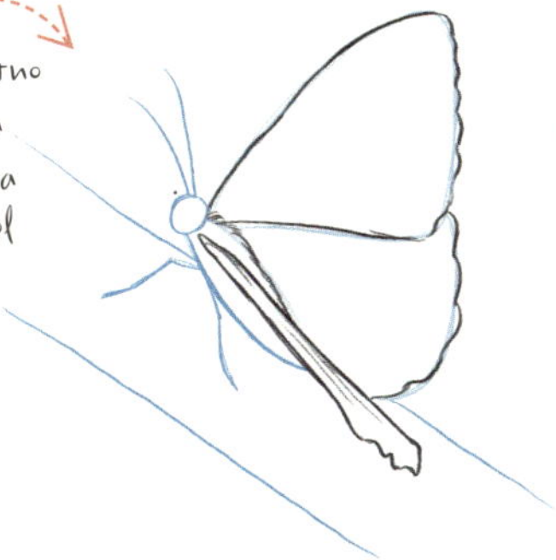

7 Termine el dibujo con trazos cortos en el cuerpo. Luego, defina las antenas y borre las guías de las alas.

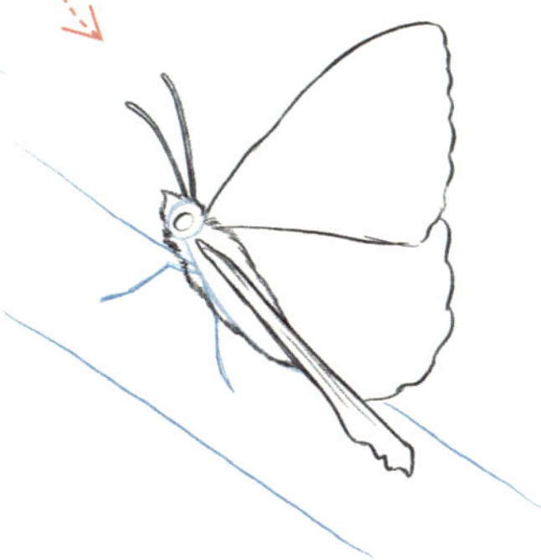

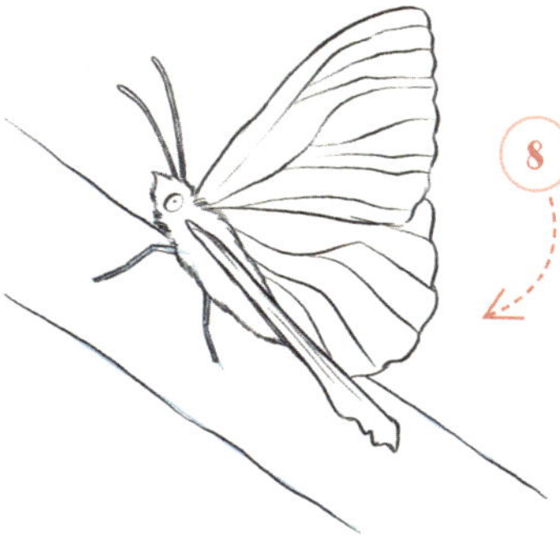

8 A continuación, dibuje líneas irregulares que representen las venas del ala y trace las patas y la rama.

9 Coloree las alas y el cuerpo en tonos marrones y añada algunas marcas amarillas irregulares tal como se ve aquí. Deje el borde exterior de las alas en blanco. Añada un poco de sombras grises a la rama.

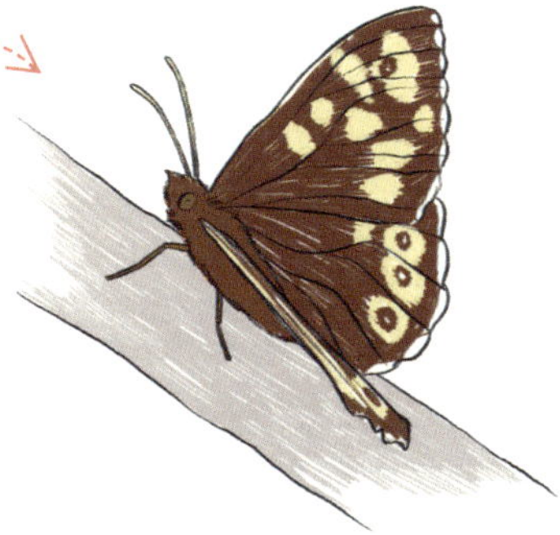

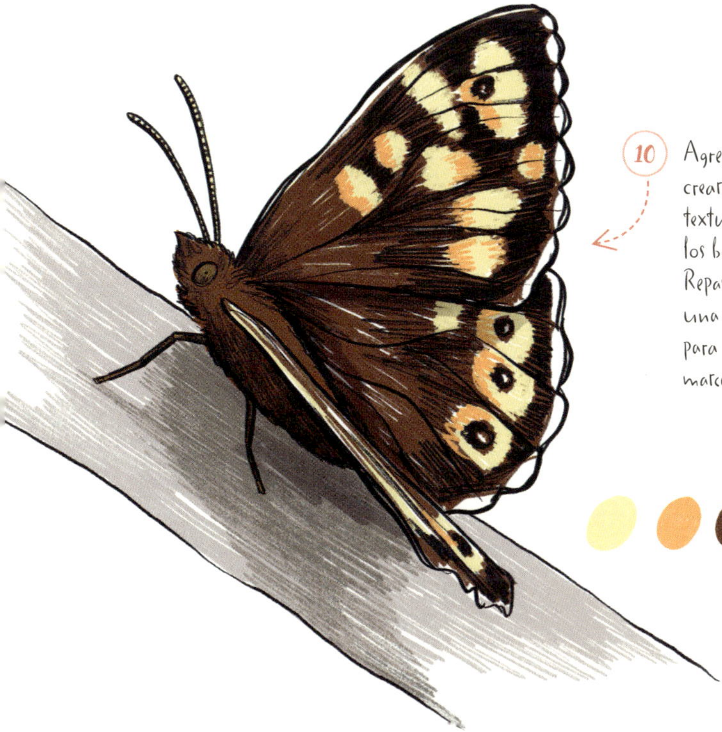

10 Agregue un sombreado tenue para crear profundidad en las alas y textura en el cuerpo. Oscurezca los bordes exteriores de las alas. Repase algunas de las líneas con una pluma gruesa de tinta negra para que se vean más claras y marcadas.

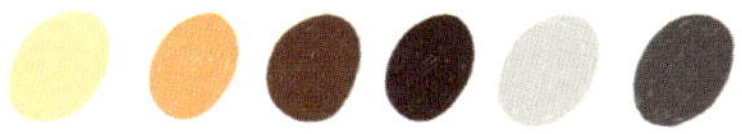

Nacarada

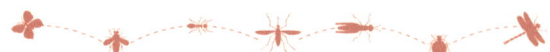

Esta mariposa se llama así porque la parte inferior de sus hermosas alas, de tonos anaranjados y marrones oscuros, luce un elegante color plateado.

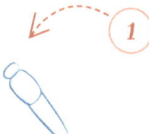

1 Esboce un óvalo como guía para el tórax de la mariposa y, debajo, un abdomen fino y curvado. Haga un óvalo más pequeño para la cabeza.

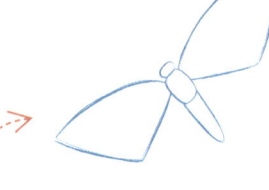

2 Esboce dos alas delanteras grandes y triangulares y preste atención a su longitud con respecto al cuerpo.

3 A continuación, dibuje las alas traseras. Los bordes interiores deben terminar en el abdomen.

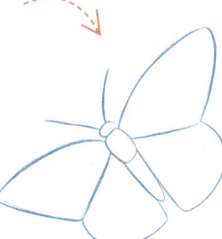

24

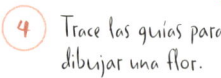

4 Trace las guías para dibujar una flor.

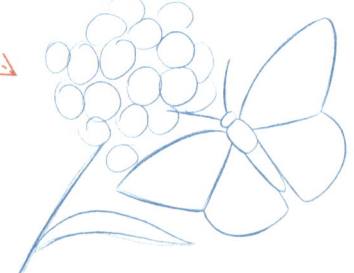

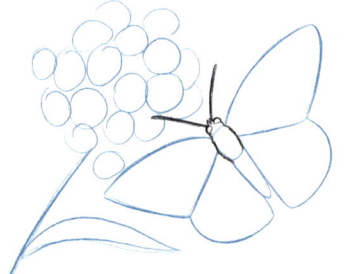

5 Con una pluma negra, dibuje los ojos y use trazos cortos para la parte posterior de la cabeza y el tórax, con el fin de representar el pelaje. Añada las antenas.

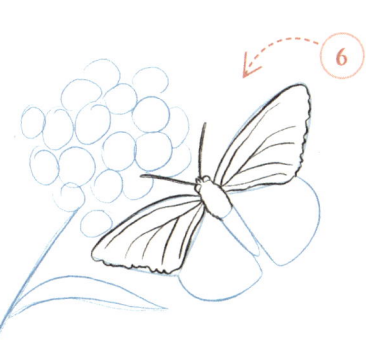

6 Dibuje las alas delanteras con la esquinas redondeadas y los lados ondulados. Trace unas venas tenues en las alas delanteras.

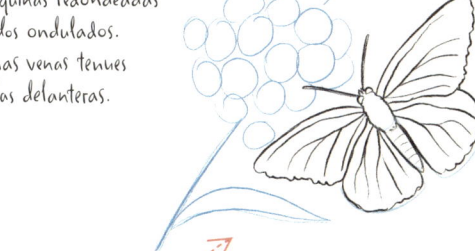

7 Repita este paso con las alas traseras. Luego, borre las guías.

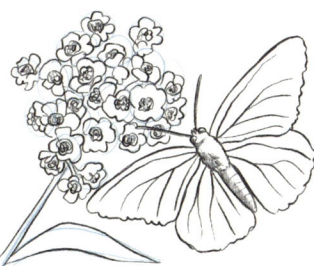

8 Añada sombras en el cuerpo y defina las flores.

9 Ahora coloree su dibujo. Use naranja como base para las alas y añada negro para los puntitos y las rayas. Emplee un tono beis claro para las flores y uno verde para las hojas.

10 Combine algunos tonos más oscuros de naranja para que los colores de la mariposa se difuminen bien entre sí. Con una pluma gruesa de tinta negra, resalte con cuidado el contorno.

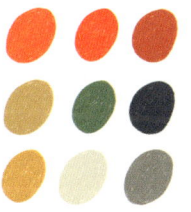

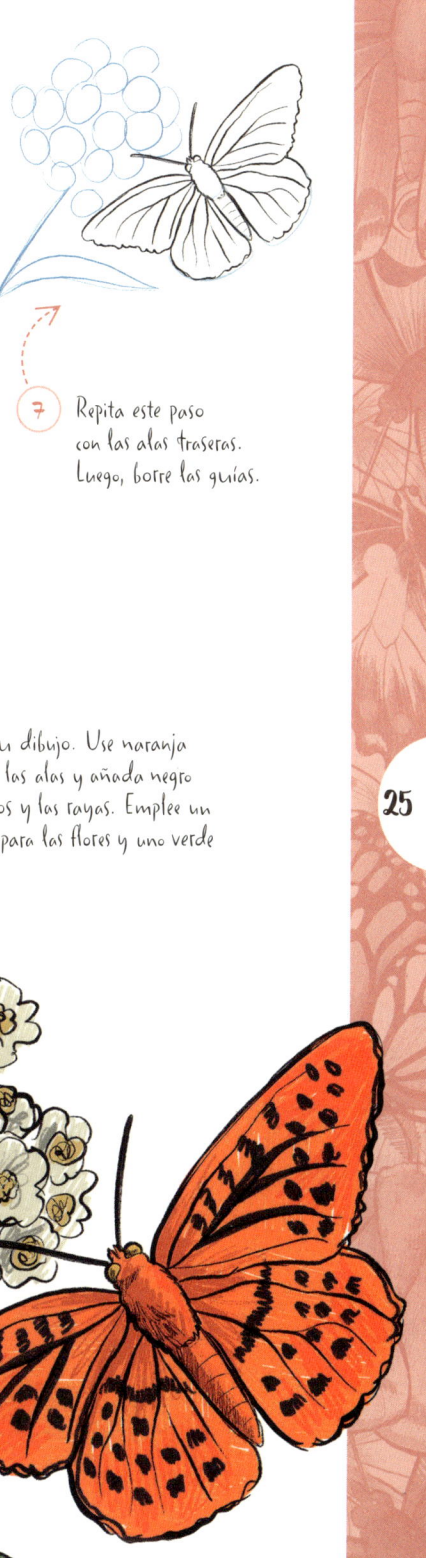

Mariposas y polillas
Polilla rosada del arce

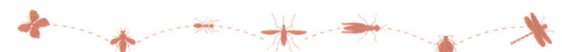

Este tipo de polilla de colores vivos pone sus huevos en hojas de arce
y tiene unas antenas curvadas muy características.

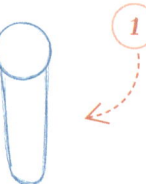

1 Empiece esbozando un pequeño círculo como guía para la cabeza de la polilla. Luego, trace una figura alargada en forma de U como guía para el cuerpo.

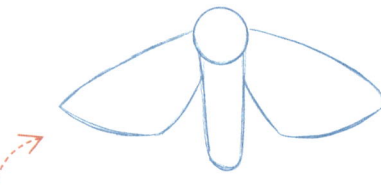

2 Añada dos formas triangulares grandes y redondeadas para las alas delanteras.

3 Esboce alas traseras por debajo de las delanteras; deben ser más pequeñas y redondeadas. Asegúrese de que sean simétricas. Añada dos antenas pequeñas y curvadas.

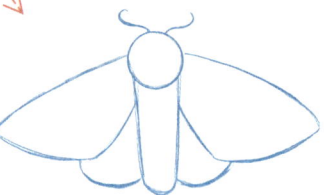

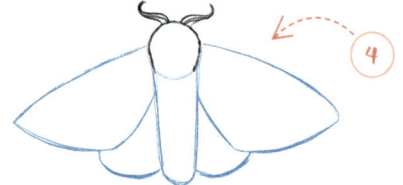

4 Con la pluma, dibuje las antenas. Haga trazos cortos y curvos en la cabeza para darle una textura peluda.

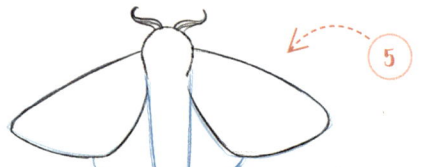

5 Dibuje las alas delanteras de la polilla y borre algunas guías.

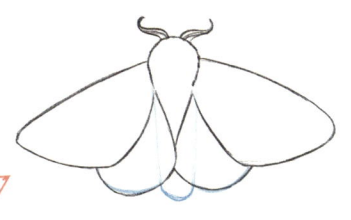

(6) Ahora dibuje las alas traseras, que cubren la mayor parte del cuerpo.

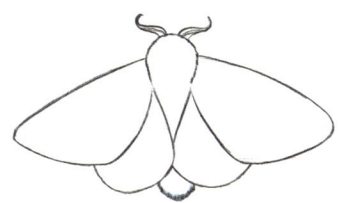

(7) Use trazos cortos para dibujar el extremo del cuerpo y borre las guías restantes.

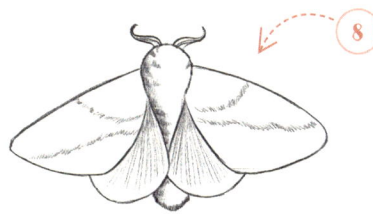

(8) Use líneas suaves y discontinuas para indicar las zonas peludas del cuerpo. Añada trazos largos en el interior de las alas traseras, y trazos cortos en el de las alas delanteras.

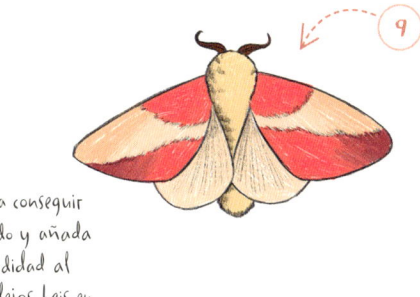

(9) Use amarillo brillante para el cuerpo, las alas traseras y la parte central de las delanteras. Pinte de rosa las zonas restantes de estas últimas.

(10) Difumine los colores para conseguir un efecto suave y mullido y añada sombras para dar profundidad al dibujo. Deje algunos reflejos beis en el cuerpo y las alas delanteras para obtener un aspecto más mullido. Defina los contornos con una pluma de punta fina y tinta negra para que resalten.

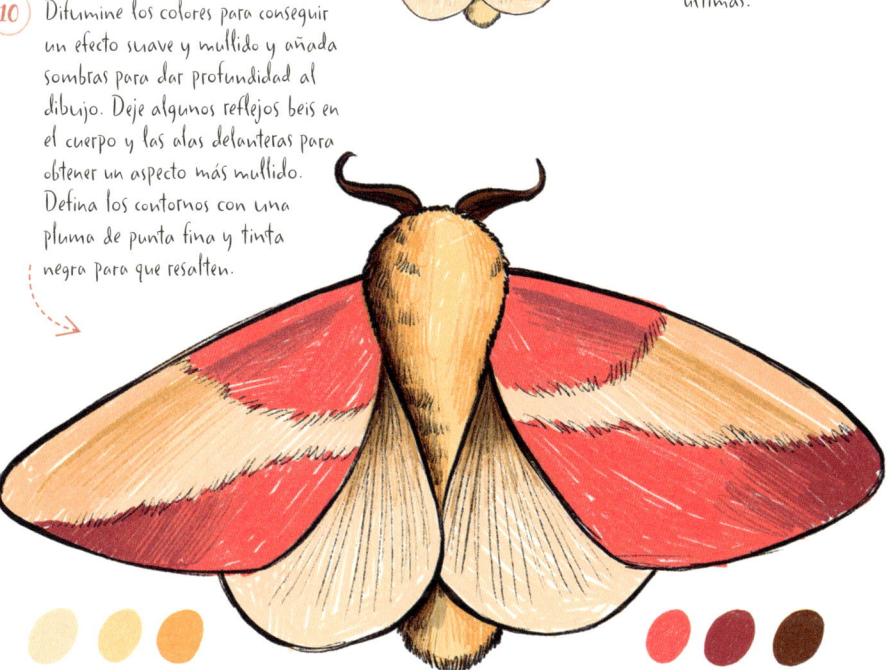

Mariposas y polillas
Apolo

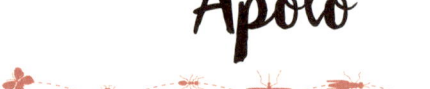

Esta mariposa, que recibe su nombre del dios Apolo, tiene el cuerpo peludo y unas alas grises con manchas rojas en forma de ojo muy características.

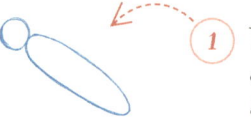

1 Trace un pequeño círculo como guía para la cabeza de la mariposa y un óvalo alargado para el cuerpo.

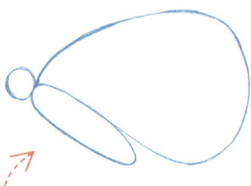

2 Añada una forma triangular larga y redondeada como guía para el ala izquierda.

3 Agregue otra forma encima de la anterior para el ala derecha.

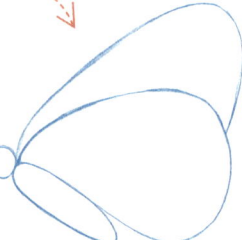

4 Añada guías cortas para las antenas y la pata. Esboce una guía para la flor sobre la que descansa la mariposa.

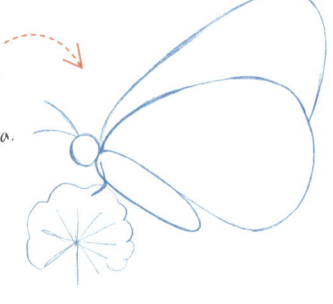

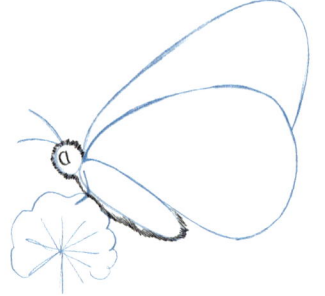

5 Con la pluma, haga trazos cortos alrededor de la cabeza y el cuerpo para representar el pelaje. Dibuje el ojo.

28

6 Dibuje las venas del ala izquierda.

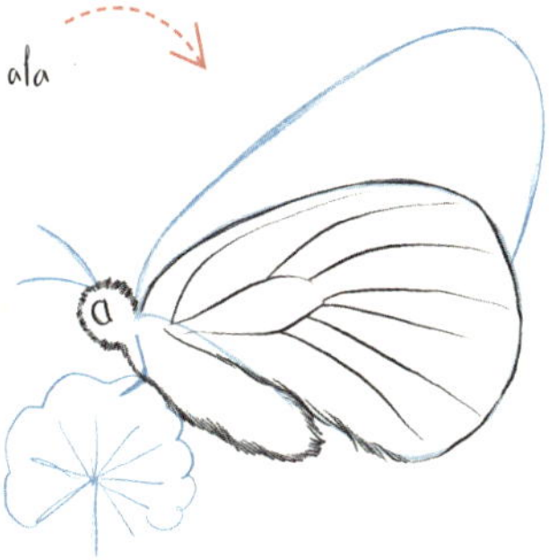

7 Repita el paso 6 en el ala derecha.

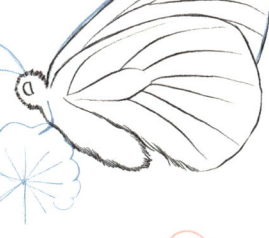

8 Dibuje la pata, las antenas y la flor, y luego borre las guías.

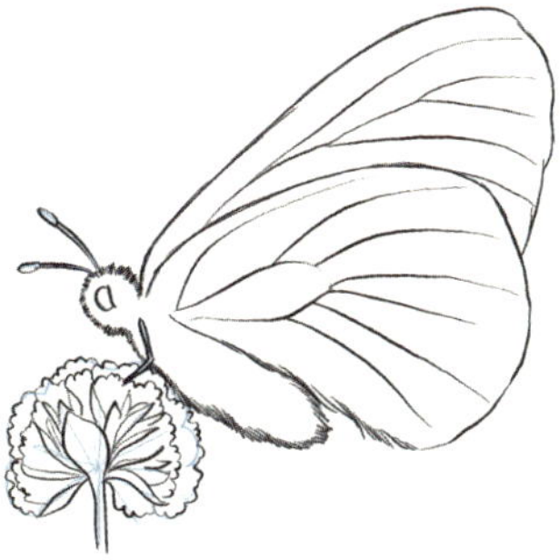

9 Ahora coloree el dibujo. Use gris claro para las alas, añada en ellas unos puntos negros irregulares y dibuje las características manchas rojas en forma de ojo. Aplique un sombreado gris en el cuerpo y tonos lila en la flor.

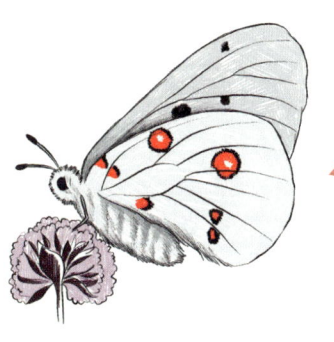

10 Dibuje las venas con un lápiz marrón claro. Use un lápiz gris oscuro o claro para añadir profundidad, especialmente cerca de los bordes de las alas. Difumine el sombreado para conseguir un aspecto más realista. Por último, defina los contornos con una pluma gruesa de tinta negra.

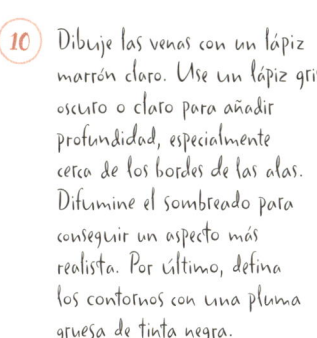

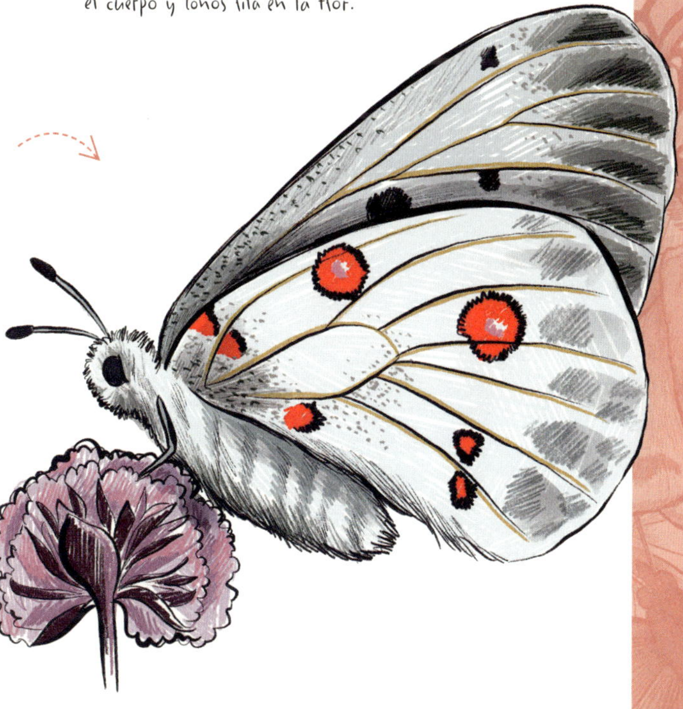

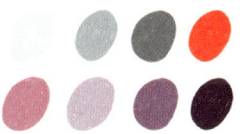

Mariposa monarca

Los colores predominantes de esta mariposa son el naranja y el negro. Asimismo, tiene unas venas negras muy marcadas que hacen que los colores resalten como si se tratara de cristales de colores.

1 Empiece dibujando un óvalo largo y estrecho para el tórax y el abdomen. Añada un círculo pequeño para la cabeza.

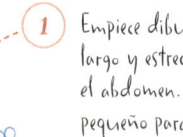

2 Para el ala derecha, añada una forma grande sobre el óvalo.

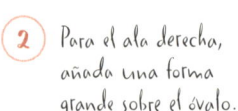

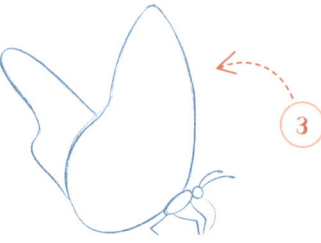

3 Esboce la segunda ala detrás de la primera. Añada dos líneas para las antenas y una línea curvada hacia abajo para la trompa. Dibuje tres patas debajo del cuerpo.

4 Divida el ala grande en dos partes, la delantera y la trasera. Haga óvalos alargados en las alas para crear los estampados.

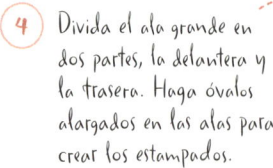

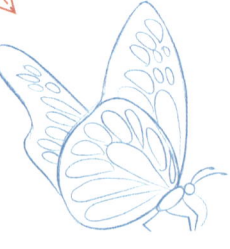

5 Esboce la forma de una flor debajo de la mariposa.

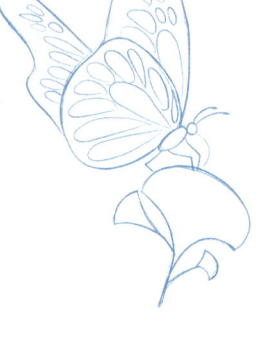

30

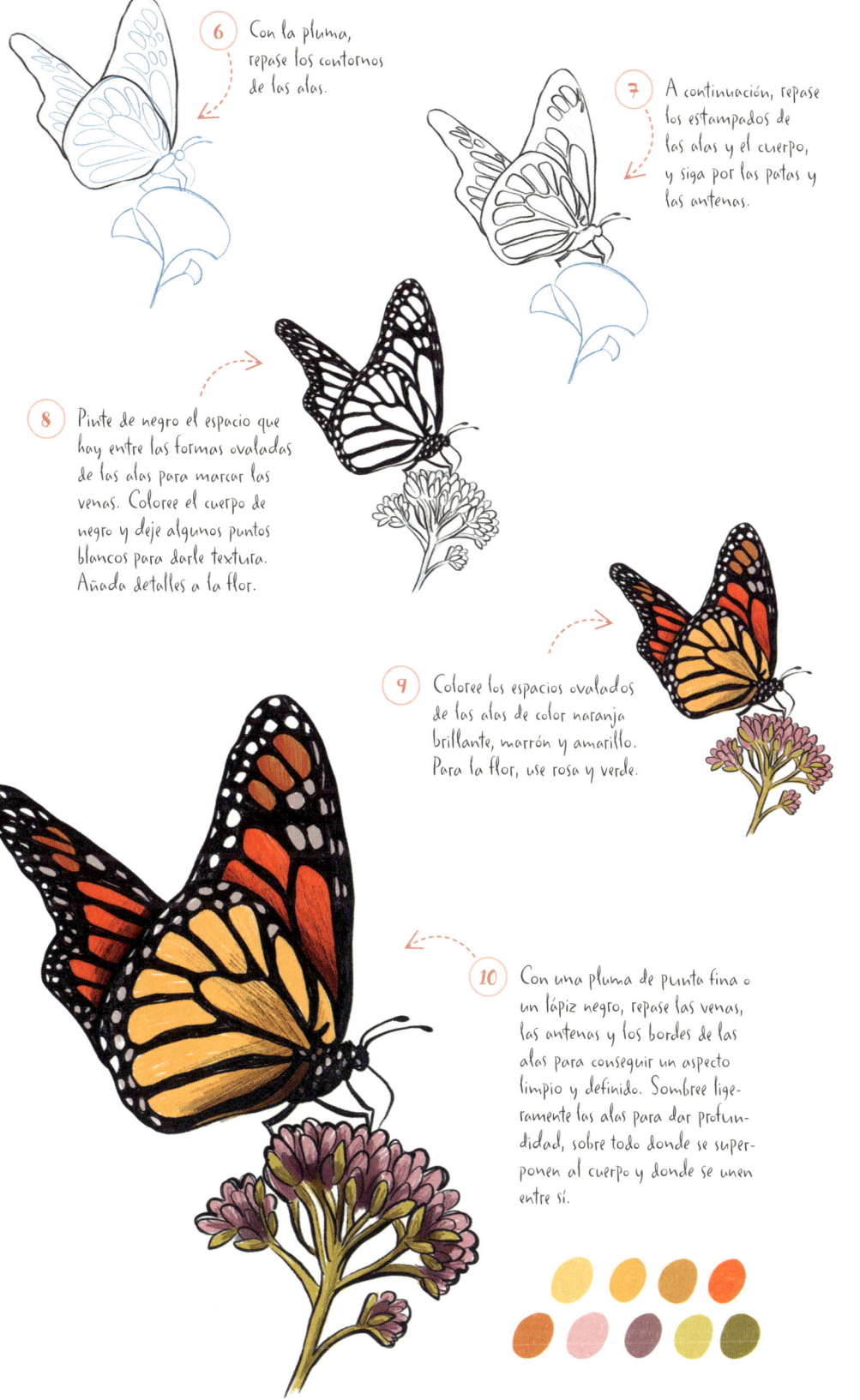

6 Con la pluma, repase los contornos de las alas.

7 A continuación, repase los estampados de las alas y el cuerpo, y siga por las patas y las antenas.

8 Pinte de negro el espacio que hay entre las formas ovaladas de las alas para marcar las venas. Coloree el cuerpo de negro y deje algunos puntos blancos para darle textura. Añada detalles a la flor.

9 Coloree los espacios ovalados de las alas de color naranja brillante, marrón y amarillo. Para la flor, use rosa y verde.

10 Con una pluma de punta fina o un lápiz negro, repase las venas, las antenas y los bordes de las alas para conseguir un aspecto limpio y definido. Sombree ligeramente las alas para dar profundidad, sobre todo donde se superponen al cuerpo y donde se unen entre sí.

Ninfa alpina

Este es un ejercicio excelente para dibujar una mariposa de perfil. Destaque
el cuerpo peludo de la mariposa mediante trazos de pluma cortos.

1 Esboce un pequeño círculo como
guía para la cabeza de la mariposa
y un óvalo alargado y puntiagudo
para el cuerpo.

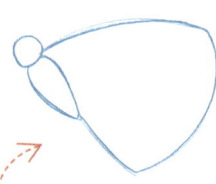

2 Dibuje una forma triangular
redondeada como guía para
el ala trasera.

3 Añada una figura
triangular más alargada
sobre la forma dibujada
en el paso 2 para el ala
delantera.

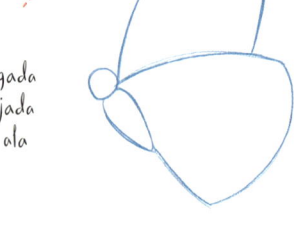

4 Añada unas guías cortas para las antenas
y dibuje una especie de pirámide estrecha
e inclinada que nos servirá de guía para el
ala derecha.

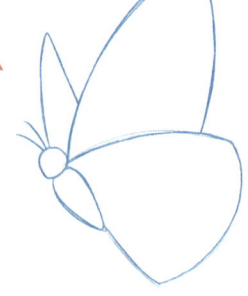

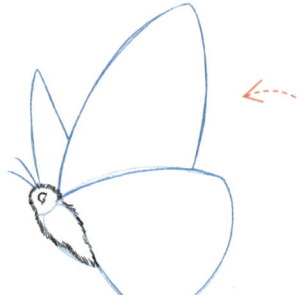

5 Con la pluma, dibuje trazos cortos
en la cabeza y el cuerpo para
representar el pelaje. Dibuje el ojo.

6 Dibuje el ala trasera bien redondeada.

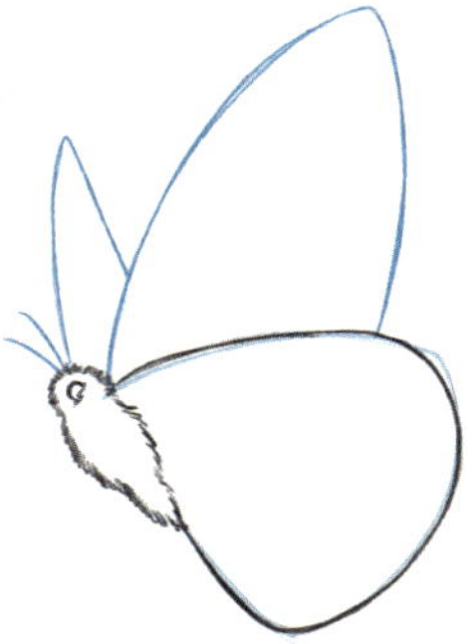

7 Ahora, dibuje el ala delantera y borre algunas guías.

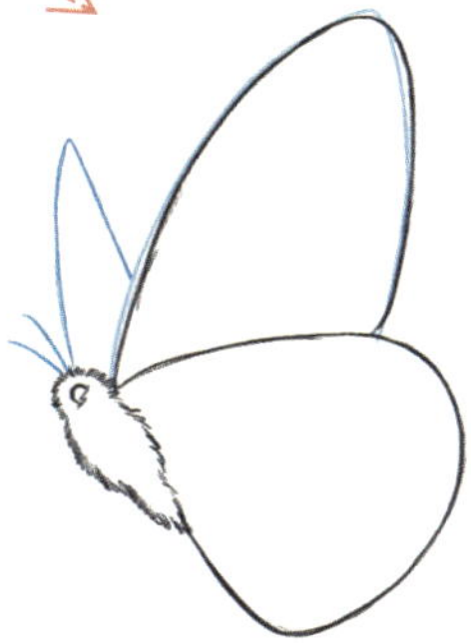

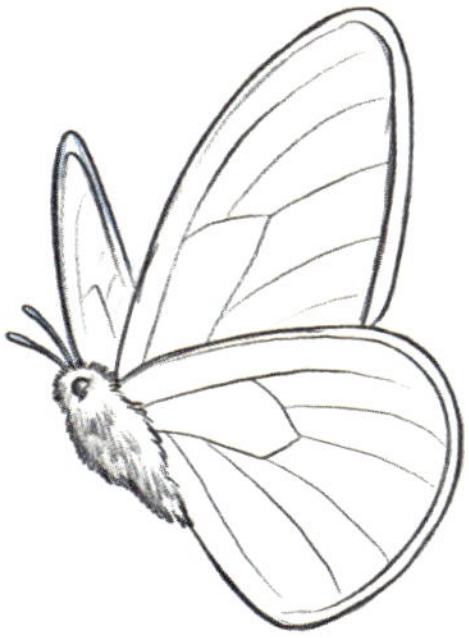

8 Dibuje las antenas y rellene el cuerpo de trazos de lápiz cortos simular el pelaje. Trace ligeramente las venas y borre las guías restantes.

9 Ahora coloree el dibujo. Use el color naranja para la parte superior de las alas delanteras y el marrón amarillento para la parte inferior de las traseras; añada unas manchitas negras en forma de ojo. Pinte el cuerpo de color marrón y las antenas de un tono naranja suave.

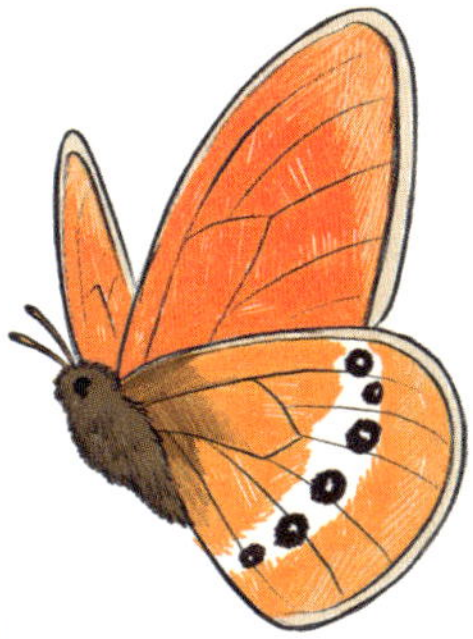

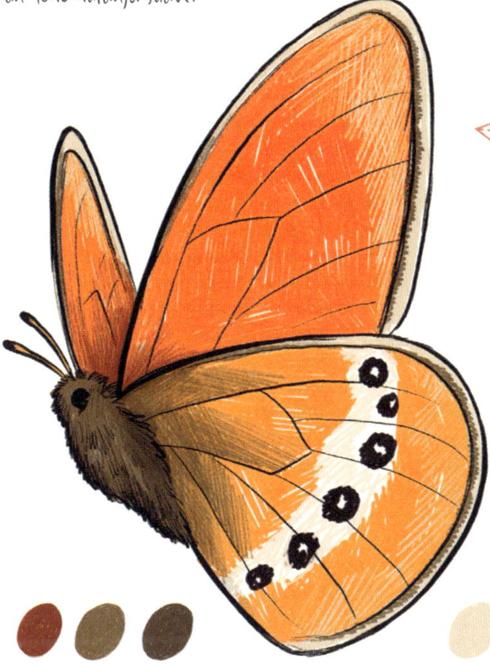

10 Combine los colores de manera uniforme para lograr un aspecto natural y añada un sombreado gris oscuro o marrón al cuerpo. Repase algunas de las líneas con una pluma gruesa de tinta negra para que se vean más claras y marcadas.

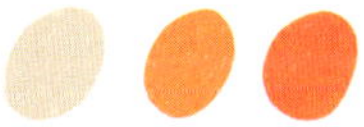

Mariposa de cola de golondrina

Estas mariposas tienen un vistoso borde festoneado en las alas traseras. Intente que las marcas sean lo más simétricas posible.

1 Empiece esbozando un óvalo como guía para el tórax y una forma larga y delgada para el abdomen. Añada un pequeño círculo como guía para la cabeza.

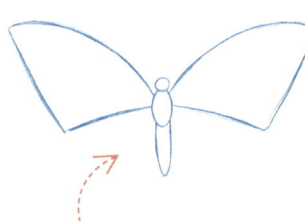

2 Esboce dos formas triangulares grandes como guías para las alas delanteras.

3 A continuación, dibuje dos alas traseras redondeadas; asegúrese de que sean simétricas.

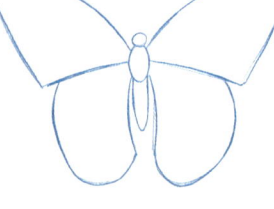

34

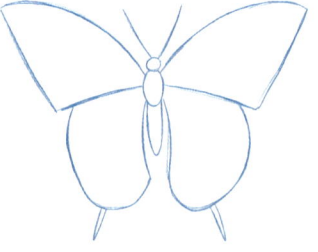

4 Añada las colas típicas de esta mariposa en la parte inferior de cada ala trasera y trace dos antenas cortas.

5 Use una pluma de punta fina o un lápiz negro para delinear el cuerpo de la mariposa. Dibuje dos círculos pequeños en la cabeza para los ojos.

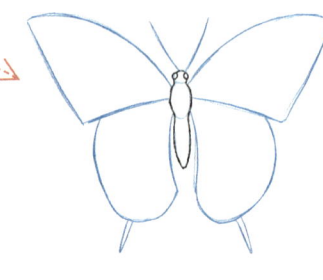

6 Dibuje ligeramente las venas en las alas delanteras para definir los estampados de color.

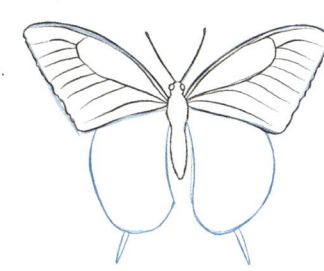

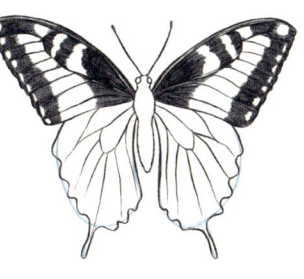

7 Repita el paso 6 en las alas traseras. Pinte las bandas negras en las alas delanteras.

8 Borre las guías y dibuje las bandas negras en las alas traseras.

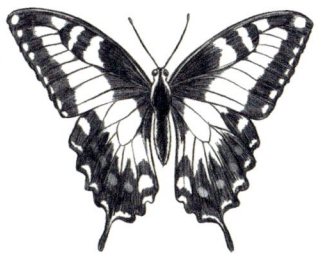

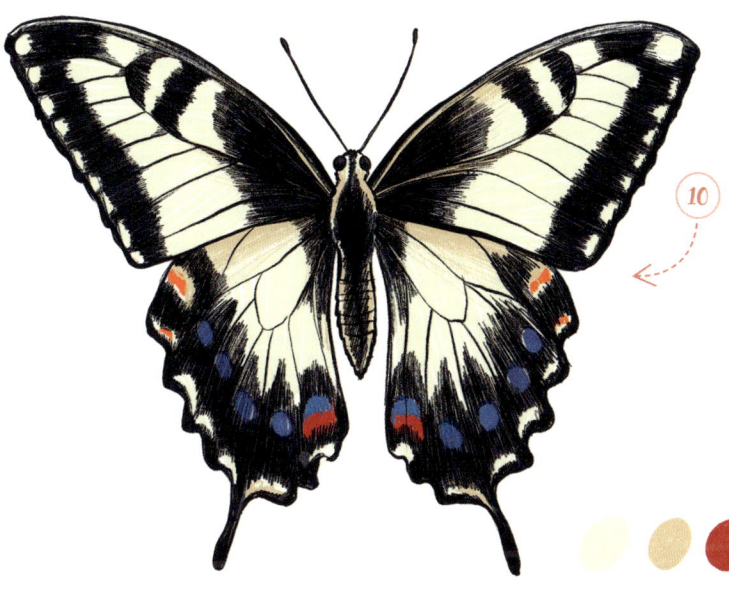

9 Complete las alas con una base de amarillo pálido y oscurezca las rayas negras. Añada un borde negro y puntos azules en las alas traseras. Agregue también unos trazos rojos y naranjas.

10 Difumine los colores suavemente y añada un sombreado para conseguir un aspecto más realista. Use una pluma gruesa de tinta negra o un lápiz de color oscuro para definir los contornos. Haga líneas bien definidas para que se distinga cada detalle.

Pequeño pavón

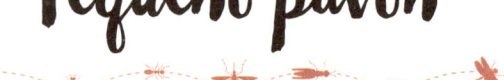

Esta increíble polilla es grande y tiene manchas en forma de ojos en las alas.
La polilla macho tiene unas antenas mullidas que parecen plumas.

1 Esboce una forma triangular larga con la parte superior curvada como guía para el cuerpo de la polilla.

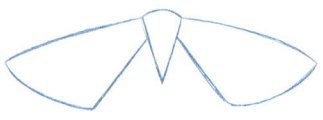

2 A continuación, dibuje dos alas delanteras triangulares grandes que se extiendan hacia abajo.

3 Esboce una ala trasera más pequeña y redondeada a la derecha.

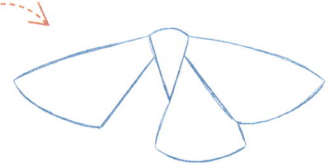

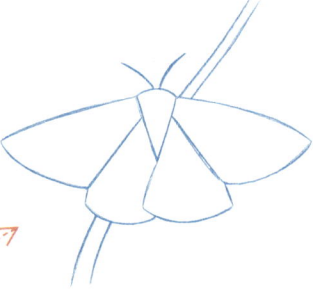

4 Añada la segunda ala trasera, asegurándose de que la primera se superpone a ella. Añada dos antenas cortas y una rama.

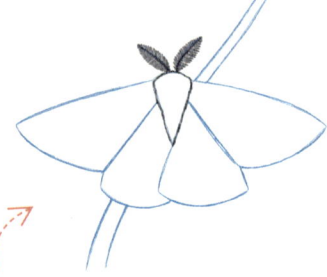

5 Con la pluma, dibuje trazos cortos alrededor del cuerpo para imitar la textura peluda de la polilla. Luego, dibuje las antenas en forma de plumas.

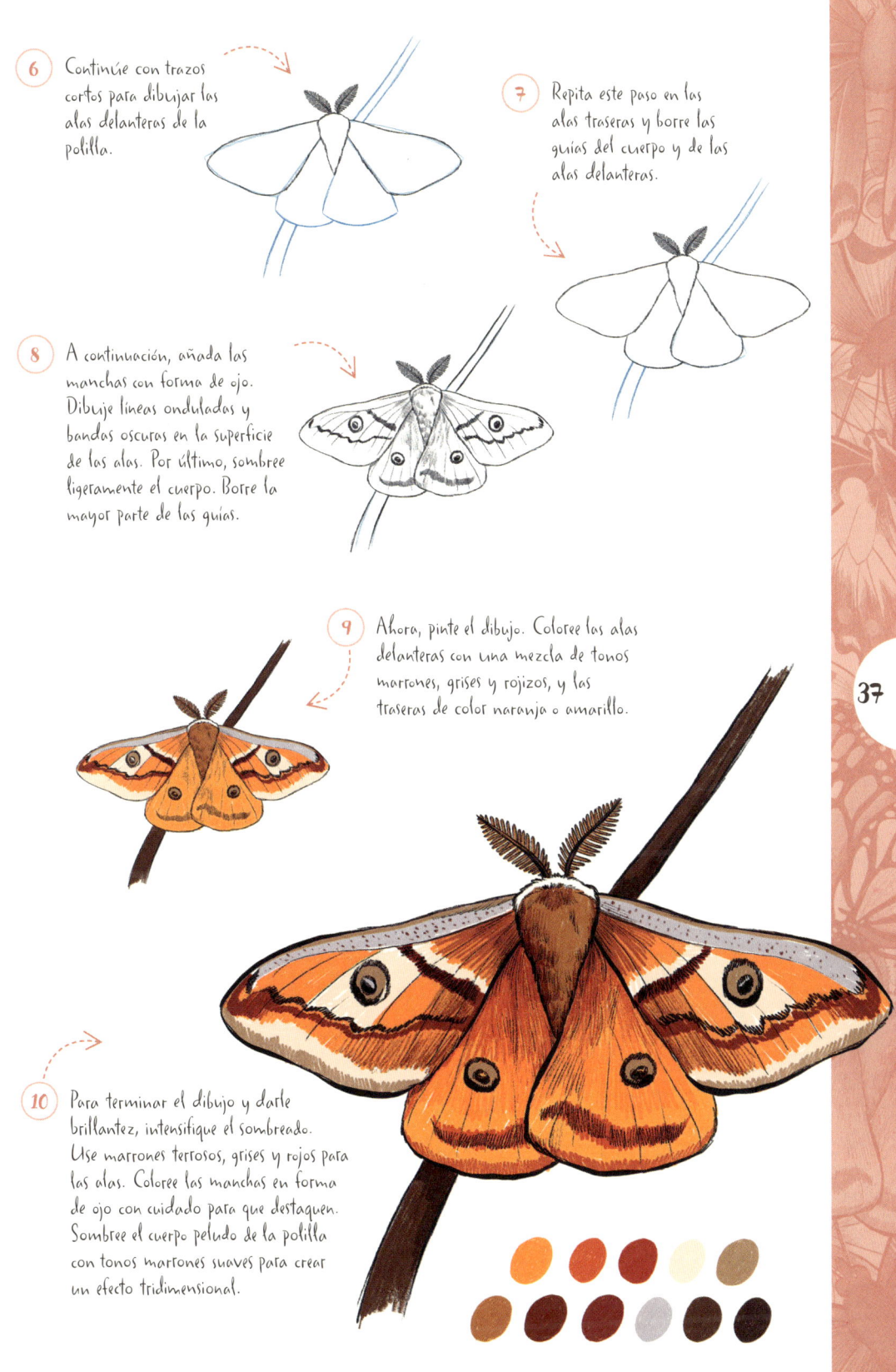

6 Continúe con trazos cortos para dibujar las alas delanteras de la polilla.

7 Repita este paso en las alas traseras y borre las guías del cuerpo y de las alas delanteras.

8 A continuación, añada las manchas con forma de ojo. Dibuje líneas onduladas y bandas oscuras en la superficie de las alas. Por último, sombree ligeramente el cuerpo. Borre la mayor parte de las guías.

9 Ahora, pinte el dibujo. Coloree las alas delanteras con una mezcla de tonos marrones, grises y rojizos, y las traseras de color naranja o amarillo.

10 Para terminar el dibujo y darle brillantez, intensifique el sombreado. Use marrones terrosos, grises y rojos para las alas. Coloree las manchas en forma de ojo con cuidado para que destaquen. Sombree el cuerpo peludo de la polilla con tonos marrones suaves para crear un efecto tridimensional.

Mariposa puntas naranja del desierto

Use sus habilidades para sombrear y haga que las zonas grisáceas de las alas y sus sutiles venas contrasten con el naranja y negro de los bordes.

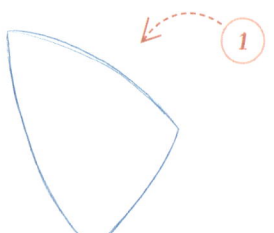

1 Empiece esbozando un triángulo redondeado como guía para el ala izquierda.

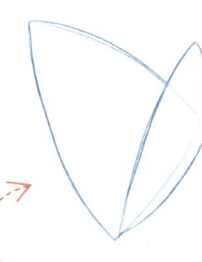

2 Sobre esta primera forma, dibuje una segunda guía para el ala derecha.

3 Añada guías para la cabeza, el cuerpo y las antenas, las cuales quedan parcialmente ocultas por el ala.

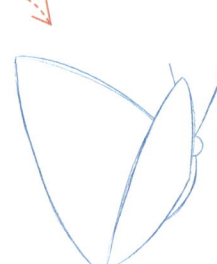

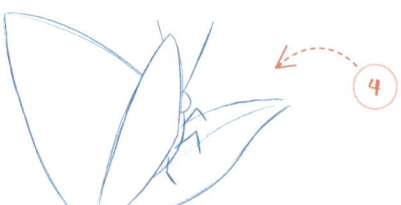

4 Trace las tres patas visibles y añada unas guías para la hoja sobre la que descansa la mariposa.

5 Con la pluma, dibuje el ala derecha bien redondeada. Añada unas líneas muy sutiles para simular las venas.

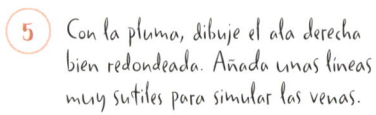

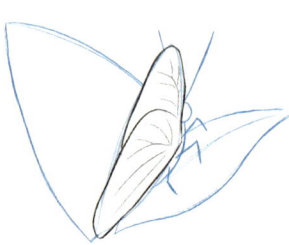

38

6 Dibuje el ala izquierda y agregue las venas de la misma manera.

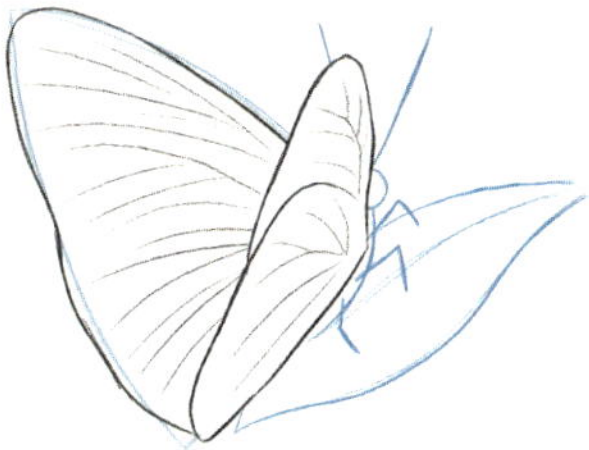

7 Ahora, haga las antenas, el cuerpo, la cabeza y las patas. Borre las guías de las alas.

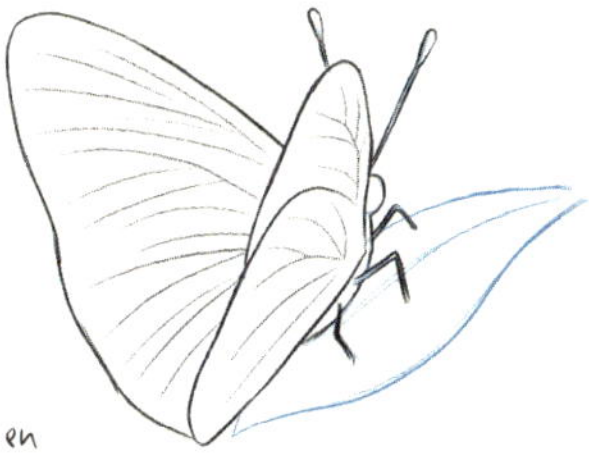

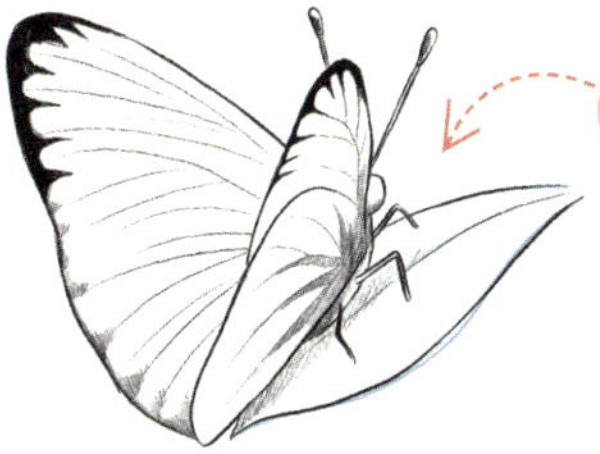

8 Añada detalles en la hoja. A continuación, aplique sombras en el cuerpo y las alas. Oscurezca los bordes de las alas delanteras con tinta negra, creando festones bien definidos.

9 Ahora, coloree el dibujo. Use un naranja intenso para las puntas de las alas y difumínelo suavemente. Añada un toque de azul oscuro en la base del ala derecha. Sombree el cuerpo, la cabeza y las patas con gris o negro, y coloree la hoja de verde.

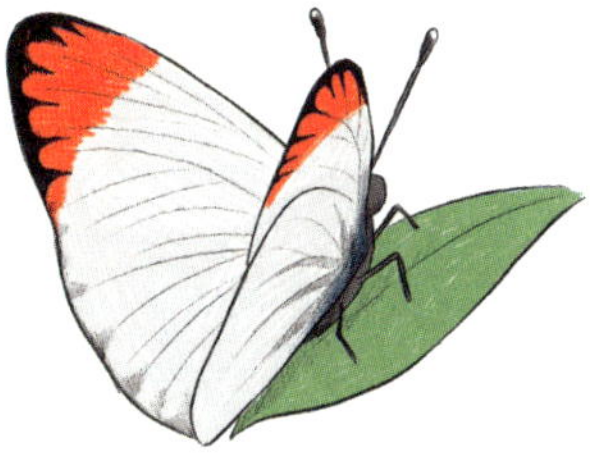

10 Difumine los colores gradualmente para crear un degradado natural. Añada una ligera sombra debajo de la mariposa para darle profundidad. Resalte algunos contornos con una pluma gruesa de tinta negra.

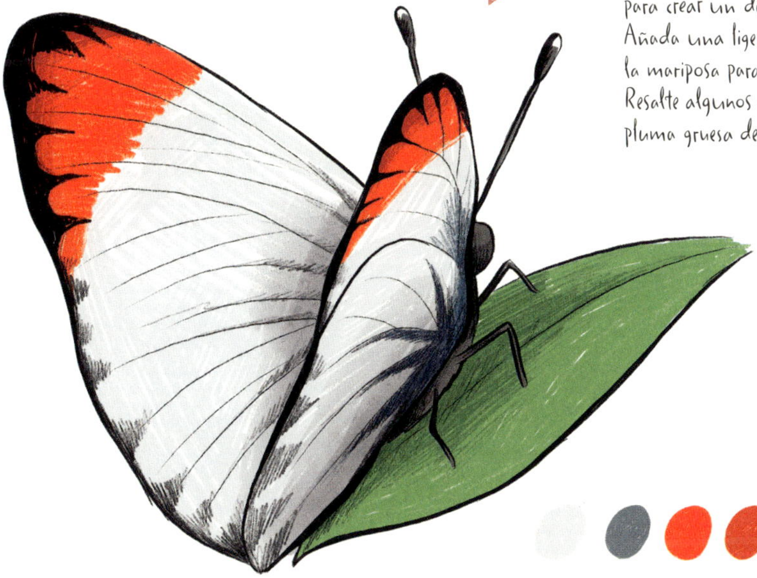

Mariposas y polillas
Ulises

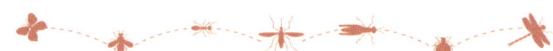

Se trata de un tipo de mariposa de cola de golondrina, en cuyas alas luce una llamativa combinación de negro aterciopelado y azul metálico brillante.

1 Esboce un pequeño círculo como guía para la cabeza y una forma de U delgada para el tórax y el abdomen.

2 Trace guías para las dos antenas; deben tener la misma longitud que el cuerpo.

3 Añada dos formas guía grandes para las alas. Debido a la postura adoptada en el dibujo, el ala derecha se verá mucho más delgada que la izquierda.

4 Añada guías para las dos pequeñas «colas» en la parte interior de las alas.

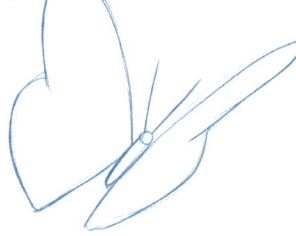

5 Con una pluma, dibuje el ala derecha de la mariposa con trazos ondulados para crear un borde festoneado. Incorpore la cola en este borde.

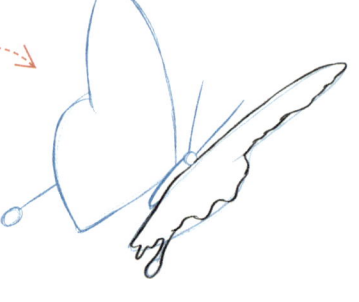

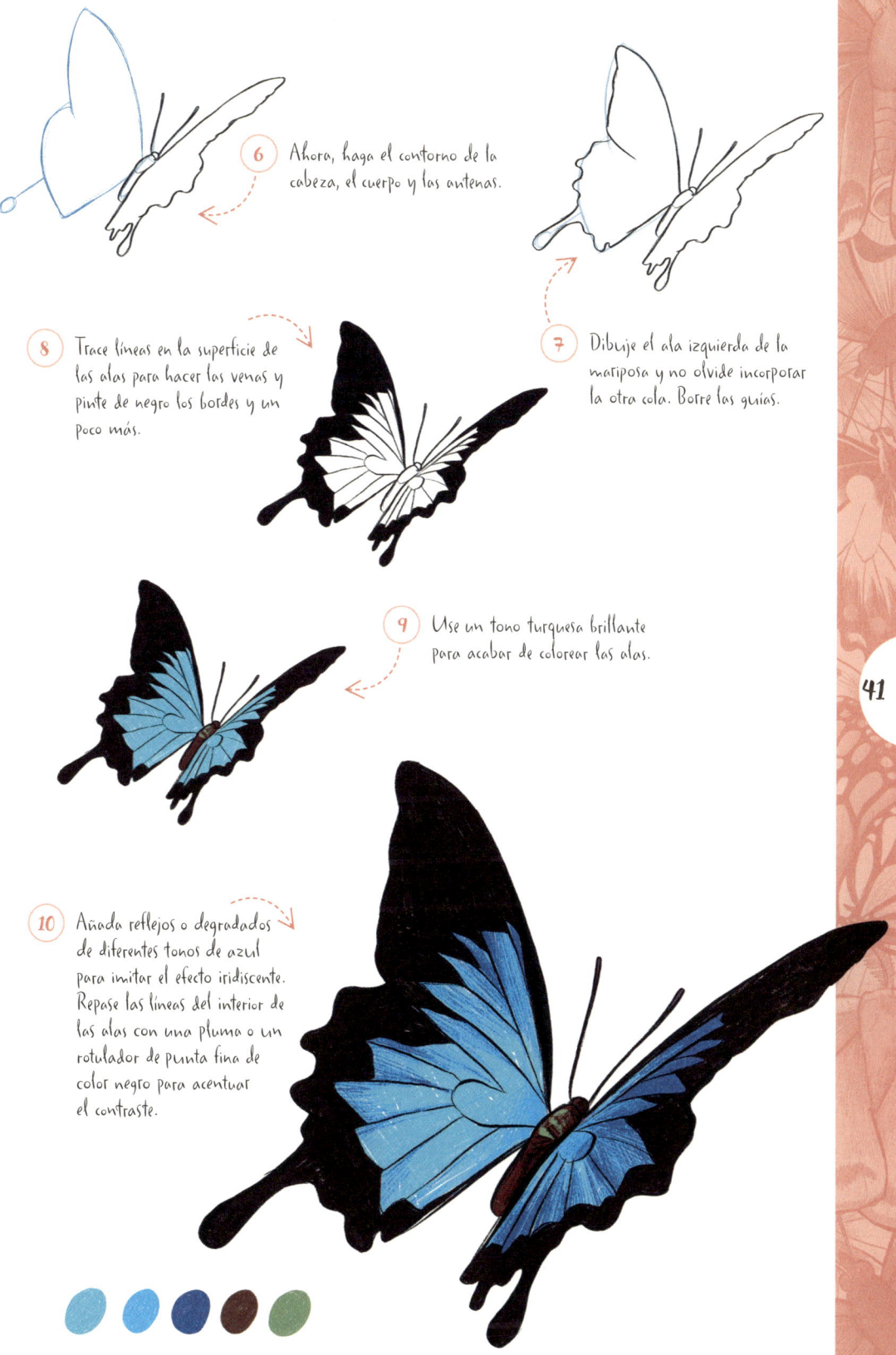

6 Ahora, haga el contorno de la cabeza, el cuerpo y las antenas.

8 Trace líneas en la superficie de las alas para hacer las venas y pinte de negro los bordes y un poco más.

7 Dibuje el ala izquierda de la mariposa y no olvide incorporar la otra cola. Borre las guías.

9 Use un tono turquesa brillante para acabar de colorear las alas.

10 Añada reflejos o degradados de diferentes tonos de azul para imitar el efecto iridiscente. Repase las líneas del interior de las alas con una pluma o un rotulador de punta fina de color negro para acentuar el contraste.

Mariposa rayada del desierto

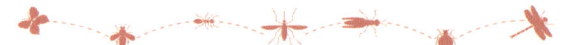

Esta pequeña y discreta mariposa tiene dos pequeñas colas en cada una de sus alas traseras que se originan en el borde posterior.

1 Esboce una forma triangular curvada como guía para el ala de la mariposa.

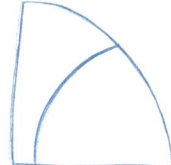

2 Dibuje un arco dentro de la forma.

3 Esboce una forma ovalada como guía para el cuerpo y añada un círculo para la cabeza.

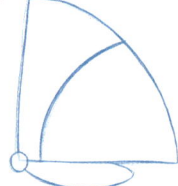

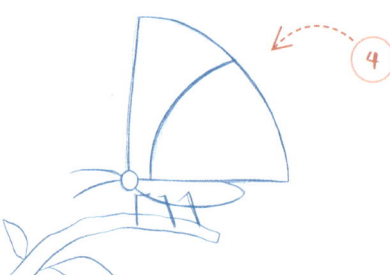

4 Añada guías para las antenas y las tres patas izquierdas. Esboce una rama con hojas bajo los pies de la mariposa.

5 Con una pluma, dibuje el ala trasera y haga los bordes ligeramente festoneados. Añada las dos colas que la caracterizan.

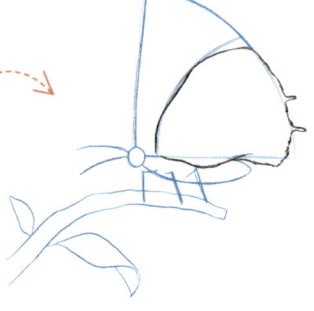

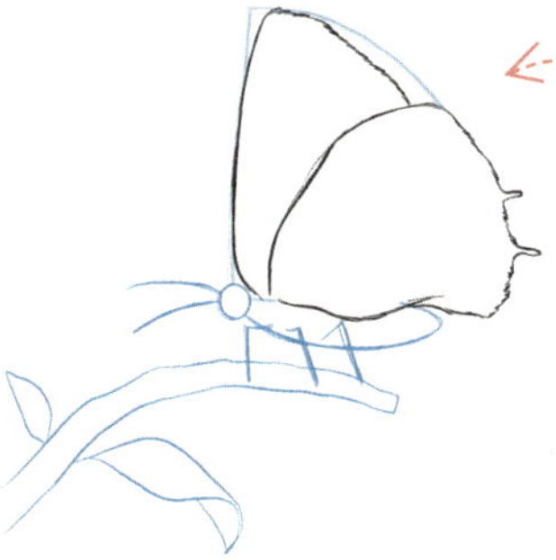

6 A continuación, dibuje el ala delantera; vaya definiendo la forma a medida que avanza.

8 Dibuje las patas y la rama y borre las guías restantes.

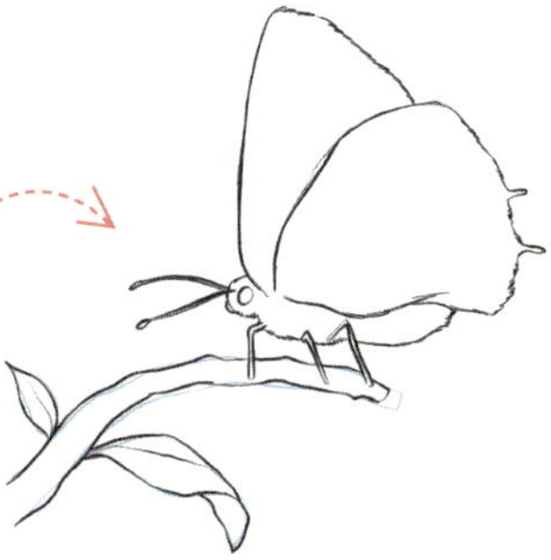

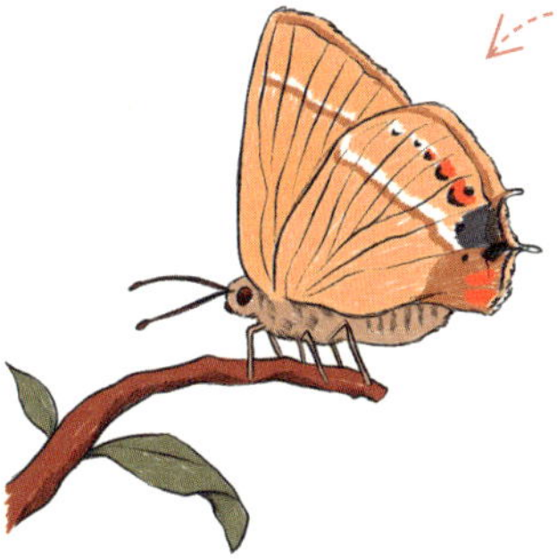

7 Dibuje el ojo, el cuerpo y las antenas. Borre algunas guías.

9 Coloree las alas de un marrón claro y añada sombras más oscuras cerca de los bordes; haga que las líneas blancas finas destaquen. Dibuje una manchita gris cerca de las colas y unos puntos de color naranja al lado. Sombree el cuerpo de color gris oscuro o marrón y añádale unos trazos cortos para representar el pelaje y darle textura.

10 Difumine los colores gradualmente para lograr una transición natural. Agregue algunos tonos más oscuros para darle volumen y realismo. Repase algunos de los contornos con una pluma gruesa de tinta negra para darles más definición.

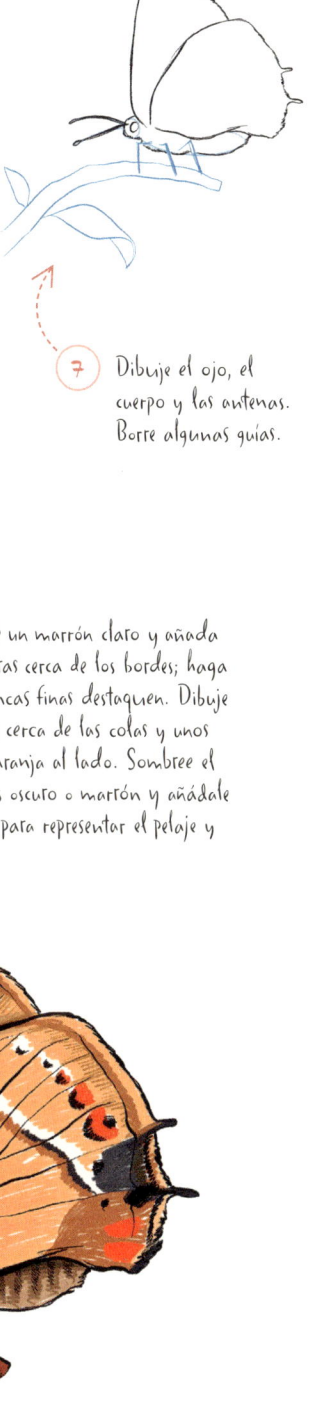

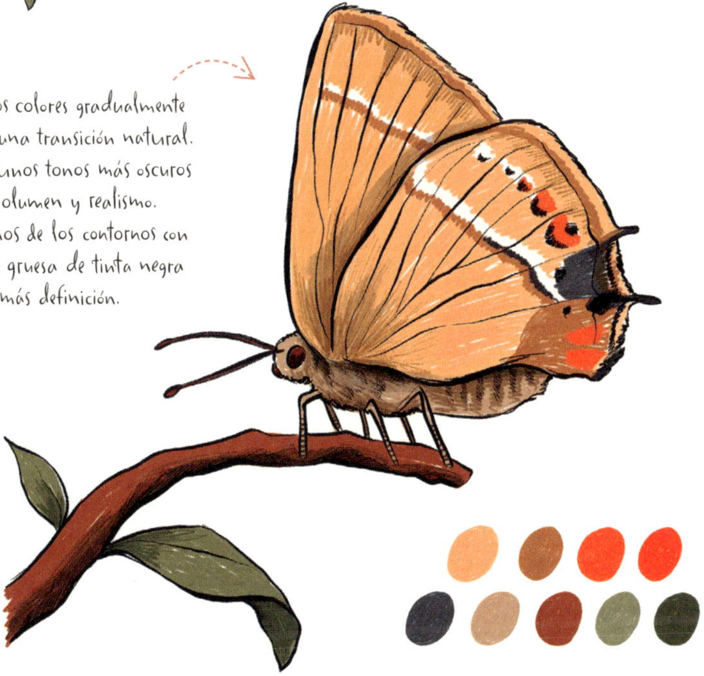

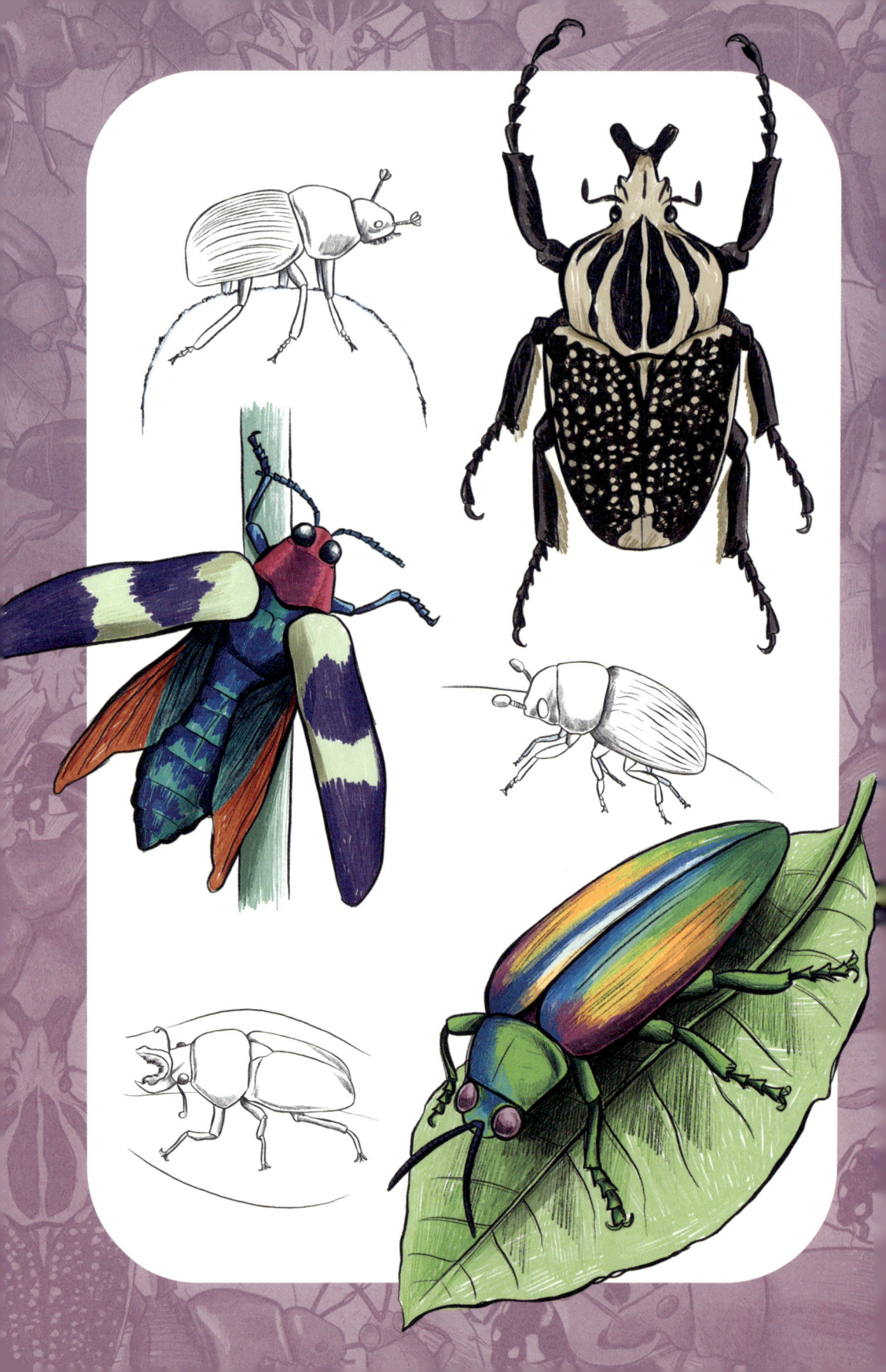

Escarabajos

Mariquita

La popular mariquita que solemos encontrar en el jardín, está formada por sencillas formas ovaladas que son fáciles de dibujar. Use sombras para dar volumen a su dibujo.

1 Esboce un pequeño óvalo como guía para la cabeza y añada una forma más grande encima para el tórax. A continuación, trace una pequeña forma de U para la boca.

2 Dibuje un óvalo mucho más grande y ligeramente aplanado para el abdomen.

3 Dibuje unas líneas guía para las cuatro patas, que estarán dispuestas en ángulo. Las otras dos quedarán ocultas. Añada unas antenas cortas y curvadas.

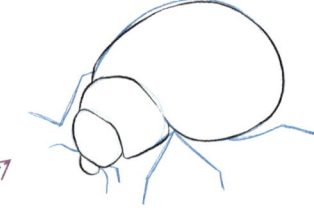

4 Repase el contorno del cuerpo y de la cabeza.

5 Dibuje una línea curva en el centro del abdomen. Aquí es donde se unen las alas. Defina los contornos de las antenas y borre algunas guías.

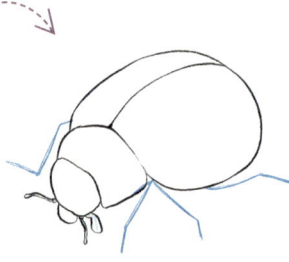

46

6 Defina los contornos de las patas.

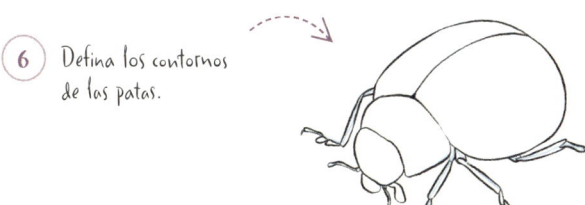

7 Esboce formas circulares ligeramente irregulares en el abdomen para representar las manchitas o topitos negros tan característicos de la mariquita. Hay cuatro en el lado izquierdo, uno visible a la derecha y otro en el centro, en línea con la cabeza. Borre las guías que queden.

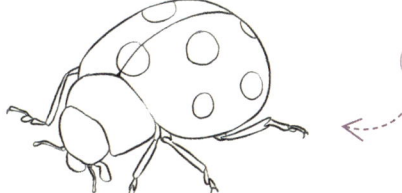

8 Oscurezca los puntos con un lápiz negro. Pinte también de negro el tórax, la cabeza y las patas. Deje zonas en blanco en los dos primeros como adorno y para los ojos, respectivamente.

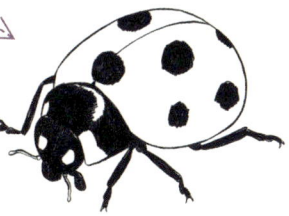

9 Coloree el caparazón de rojo brillante.

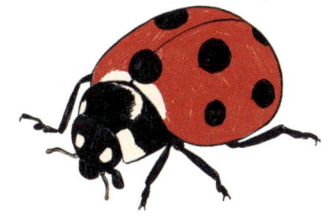

10 Sombree ligeramente los lados del caparazón para darle un aspecto redondeado y tridimensional. Añada un sutil sombreado en las patas y debajo del cuerpo para dar más volumen a la figura. Dibuje el contorno con una pluma de punta fina o un lápiz negro para que resalte. Por último, refuerce las manchitas negras redondas e intensifique el sombreado para obtener un mayor contraste.

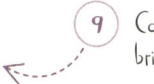

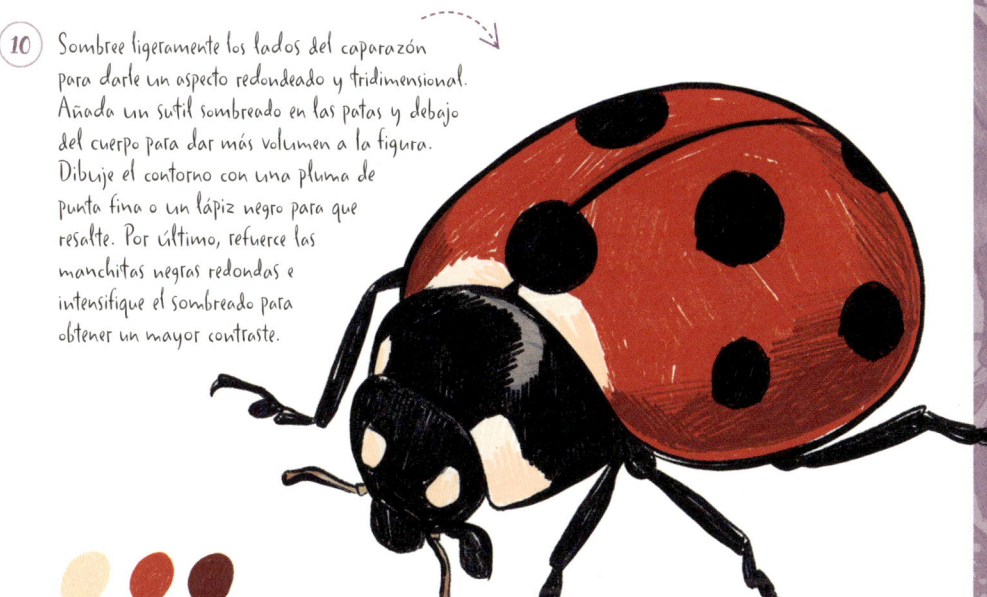

Escarabajo joya

Este escarabajo presenta un colorido espectacular. Añada un sutil sombreado en la hoja en la que descansa para darle un aspecto tridimensional mucho más realista.

1 Esboce un círculo pequeño como guía para la parte superior de la cabeza del escarabajo. Luego, dibuje un óvalo alargado y aplanado para el cuerpo.

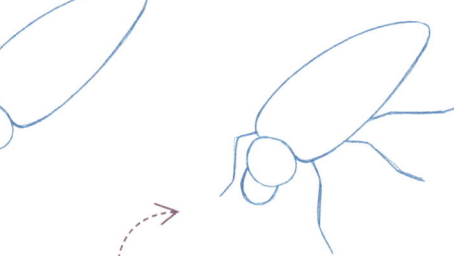

2 Trace un pequeño semicírculo para la parte inferior de la cabeza. A continuación, dibuje cuatro líneas oblicuas como guías para las patas.

3 Dibuje una línea larga en el centro del cuerpo para reflejar las dos mitades del caparazón duro de las alas. Haga los ojos y dos antenas largas y delgadas.

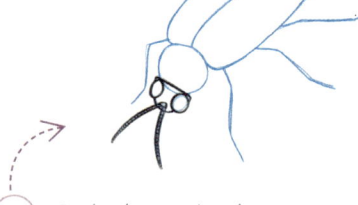

4 Con la pluma, dibuje la parte inferior de cabeza y los ojos. Añada líneas horizontales en las antenas para crear segmentos.

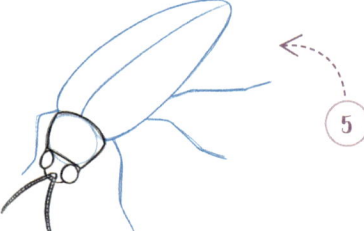

5 Dibuje la parte superior de la cabeza, que es un poco cuadrada.

48

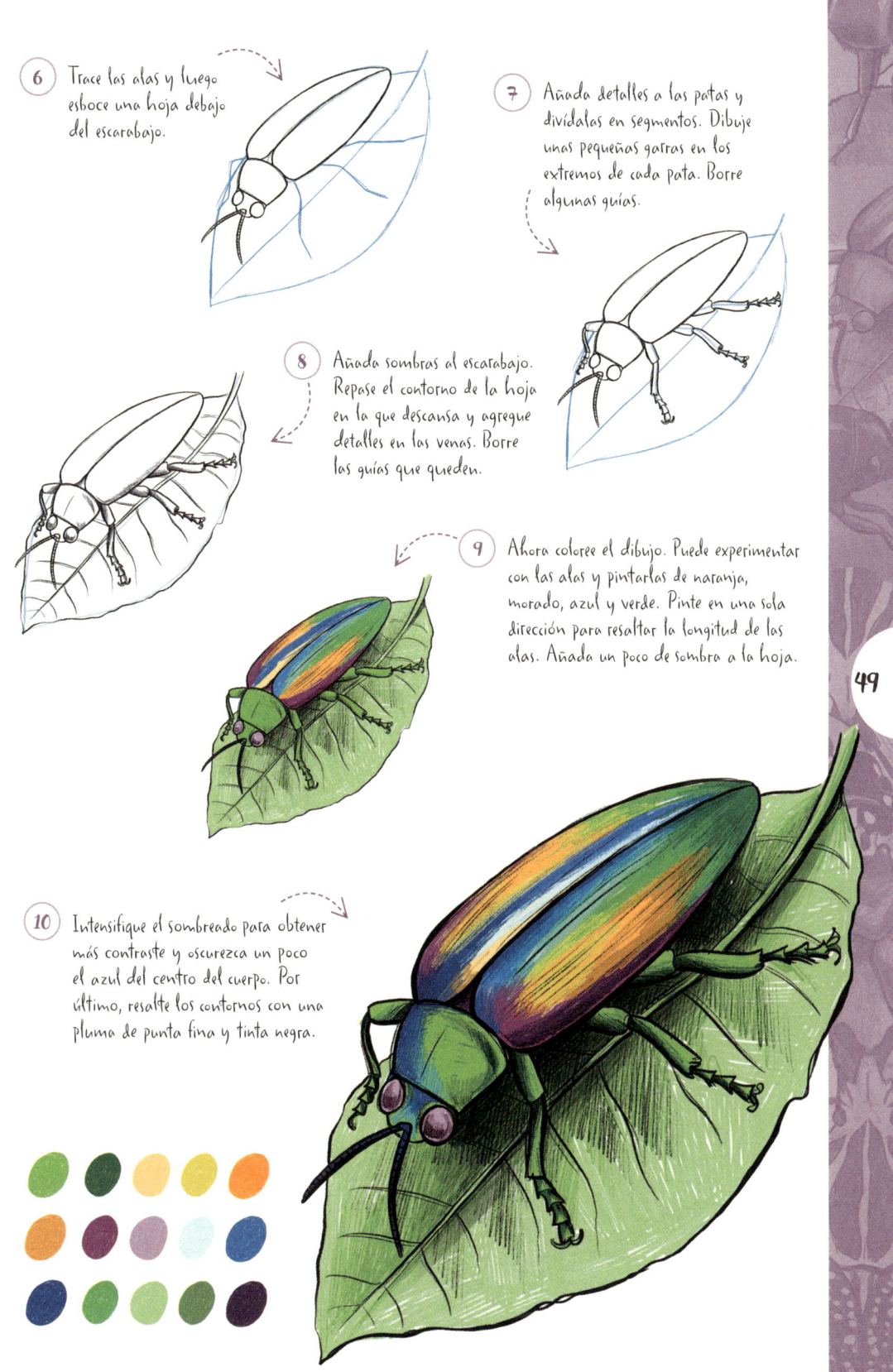

6 Trace las alas y luego esboce una hoja debajo del escarabajo.

7 Añada detalles a las patas y divídalas en segmentos. Dibuje unas pequeñas garras en los extremos de cada pata. Borre algunas guías.

8 Añada sombras al escarabajo. Repase el contorno de la hoja en la que descansa y agregue detalles en las venas. Borre las guías que queden.

9 Ahora coloree el dibujo. Puede experimentar con las alas y pintarlas de naranja, morado, azul y verde. Pinte en una sola dirección para resaltar la longitud de las alas. Añada un poco de sombra a la hoja.

10 Intensifique el sombreado para obtener más contraste y oscurezca un poco el azul del centro del cuerpo. Por último, resalte los contornos con una pluma de punta fina y tinta negra.

Escarabajo rinoceronte

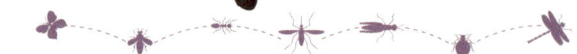

El escarabajo rinoceronte macho tiene un cuerno en la cabeza que le da un aspecto intimidante. Fíjese en el ángulo que adopta.

1 Esboce un círculo guía para el tórax del escarabajo. Luego, dibuje una forma para el abdomen.

2 Para el cuerno, dibuje una línea curva que salga de la parte superior del círculo.

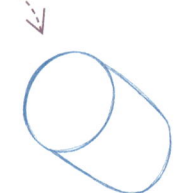

50

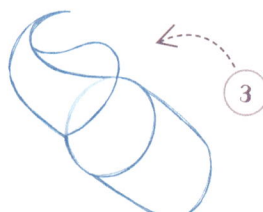

3 Alrededor de la línea curva, trace unas líneas guía para la cabeza del escarabajo.

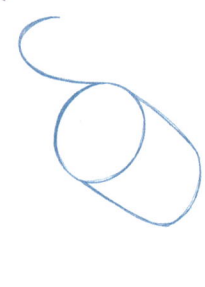

4 Trace las cuatro patas.

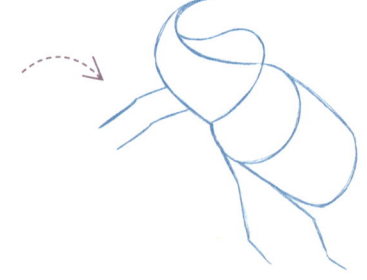

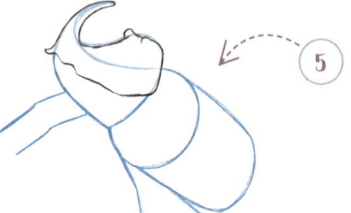

5 Con una pluma, dibuje la parte superior de la cabeza siguiendo las guías. Haga el cuerno y dos bultitos para los ojos.

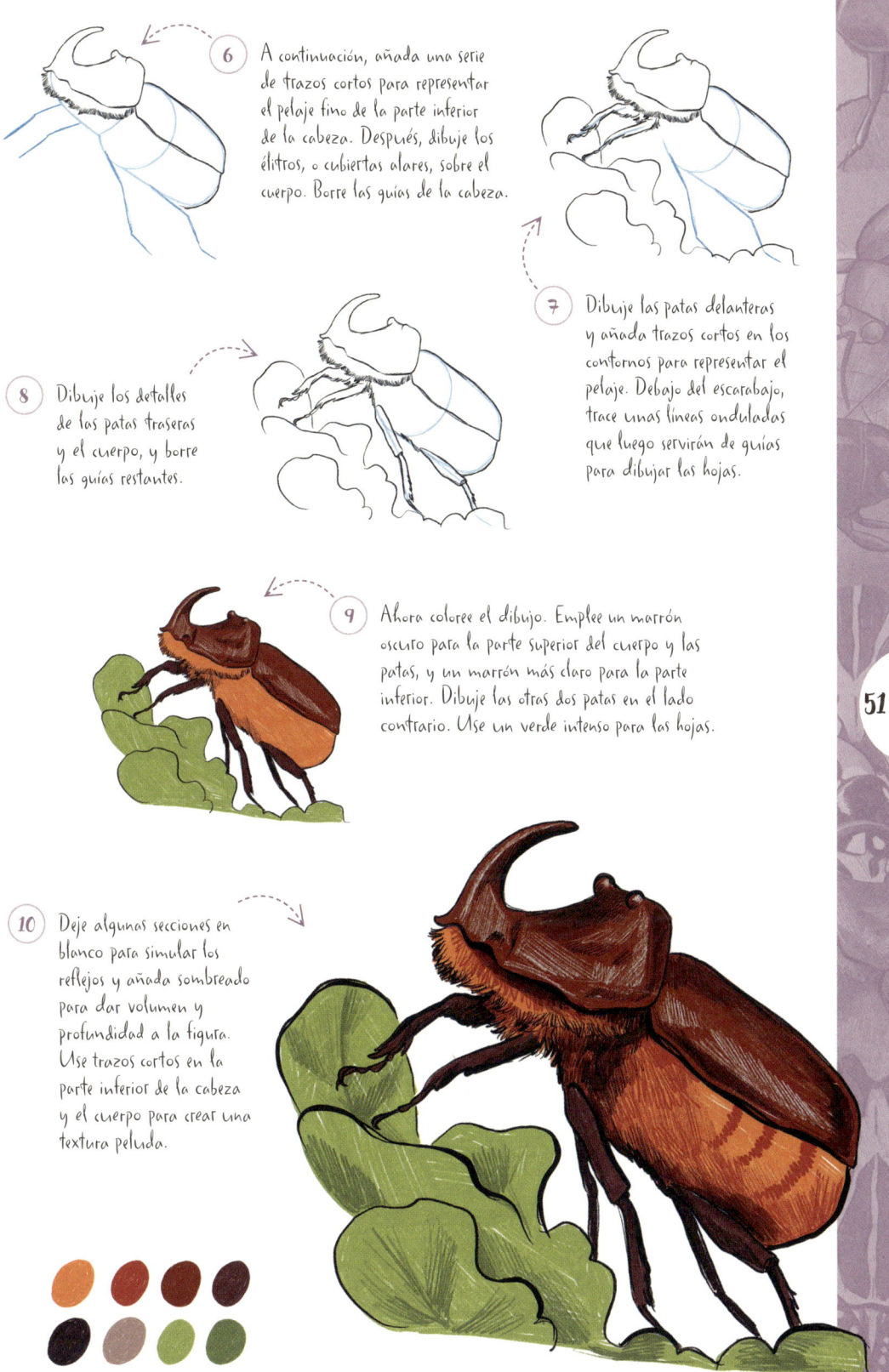

6 A continuación, añada una serie de trazos cortos para representar el pelaje fino de la parte inferior de la cabeza. Después, dibuje los élitros, o cubiertas alares, sobre el cuerpo. Borre las guías de la cabeza.

7 Dibuje las patas delanteras y añada trazos cortos en los contornos para representar el pelaje. Debajo del escarabajo, trace unas líneas onduladas que luego servirán de guías para dibujar las hojas.

8 Dibuje los detalles de las patas traseras y el cuerpo, y borre las guías restantes.

9 Ahora coloree el dibujo. Emplee un marrón oscuro para la parte superior del cuerpo y las patas, y un marrón más claro para la parte inferior. Dibuje las otras dos patas en el lado contrario. Use un verde intenso para las hojas.

10 Deje algunas secciones en blanco para simular los reflejos y añada sombreado para dar volumen y profundidad a la figura. Use trazos cortos en la parte inferior de la cabeza y el cuerpo para crear una textura peluda.

Escarabajo ciervo arcoíris

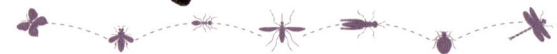

Este escarabajo de llamativos colores brilla sobre la hoja verde con si fuese una joya. Difumine los colores con delicadeza para obtener un efecto natural.

1 Para hacer el tórax del escarabajo, trace una guía ovalada de modo que la parte superior sea casi recta.

2 Dibuje un pequeño rectángulo vertical y añada dos formas parecidas a garras para representar las mandíbulas.

3 Ahora, añada una gran U de lado como guía para el abdomen. Debe ser mucho más grande que el tórax.

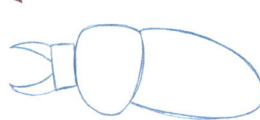

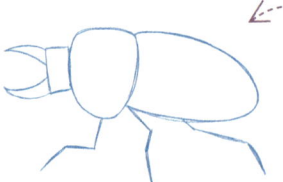

4 Esboce tres patas angulares.

5 Con una pluma, dibuje la cabeza y el ojo izquierdo. Perfile las dos formas parecidas a garras que forman las mandíbulas.

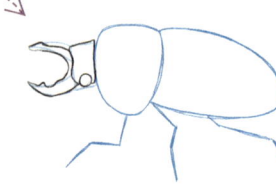

52

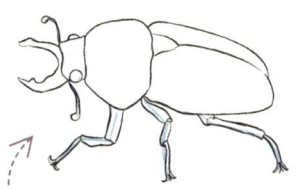

6 Use las guías para dibujar el tórax y las alas.

7 Dibuje los detalles de las patas y añada pequeñas garras en la punta de cada una. Haga el ojo derecho y las antenas. Borre algunas guías.

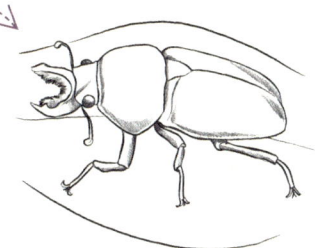

8 Forme trazos cortos a lápiz para dibujar el pelaje de las mandíbulas. Añada un poco de sombreado con lápiz a la figura y trace unas líneas para dibujar la hoja en la que descansa el insecto. Borre las guías que queden.

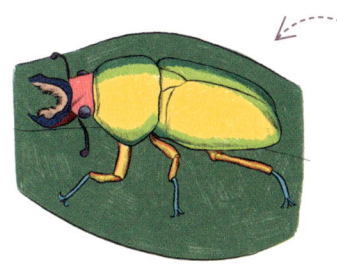

9 Ahora coloree el dibujo. Use tonos amarillos y verdes para el cuerpo. Elija verde oscuro para crear sombras, verde normal para los tonos medios y verde amarillento y amarillo para los reflejos. Coloree las antenas y las mandíbulas en tonos azules y morados. Añada un poco de amarillo, naranja y azul a las patas.

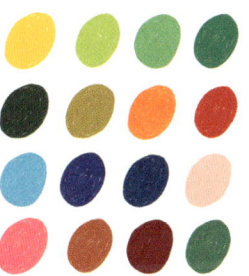

10 Difumine gradualmente los colores y defina el sombreado para crear profundidad. Añada algunas sombras debajo del cuerpo y las patas para crear el efecto de que el escarabajo está posado sobre la hoja. Resalte algunos contornos con una pluma gruesa de tinta negra.

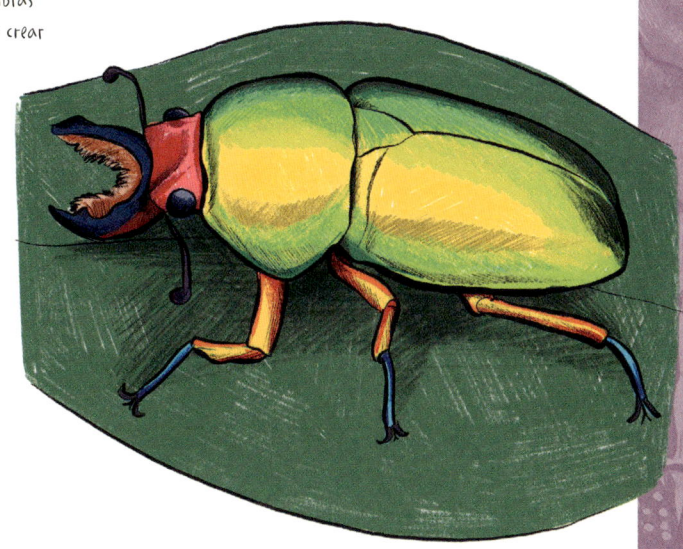

Escarabajo de la corteza

Si añade reflejos en el caparazón que protege las alas,
dará brillo al escarabajo y sus patas parecerán moverse.

1 Empiece dibujando un óvalo alargado con una base plana para hacer el cuerpo.

2 Divida la forma en dos partes con una línea vertical. La parte ligeramente más pequeña incluirá el tórax y la cabeza. Añada guías para las antenas.

54

3 A continuación, trace las guías de las tres patas izquierdas.

4 Dibuje guías para las tres patas restantes. Añada una línea curva para la hoja en la que descansa el escarabajo.

5 Con una pluma, dibuje la cabeza, el ojo y las antenas.

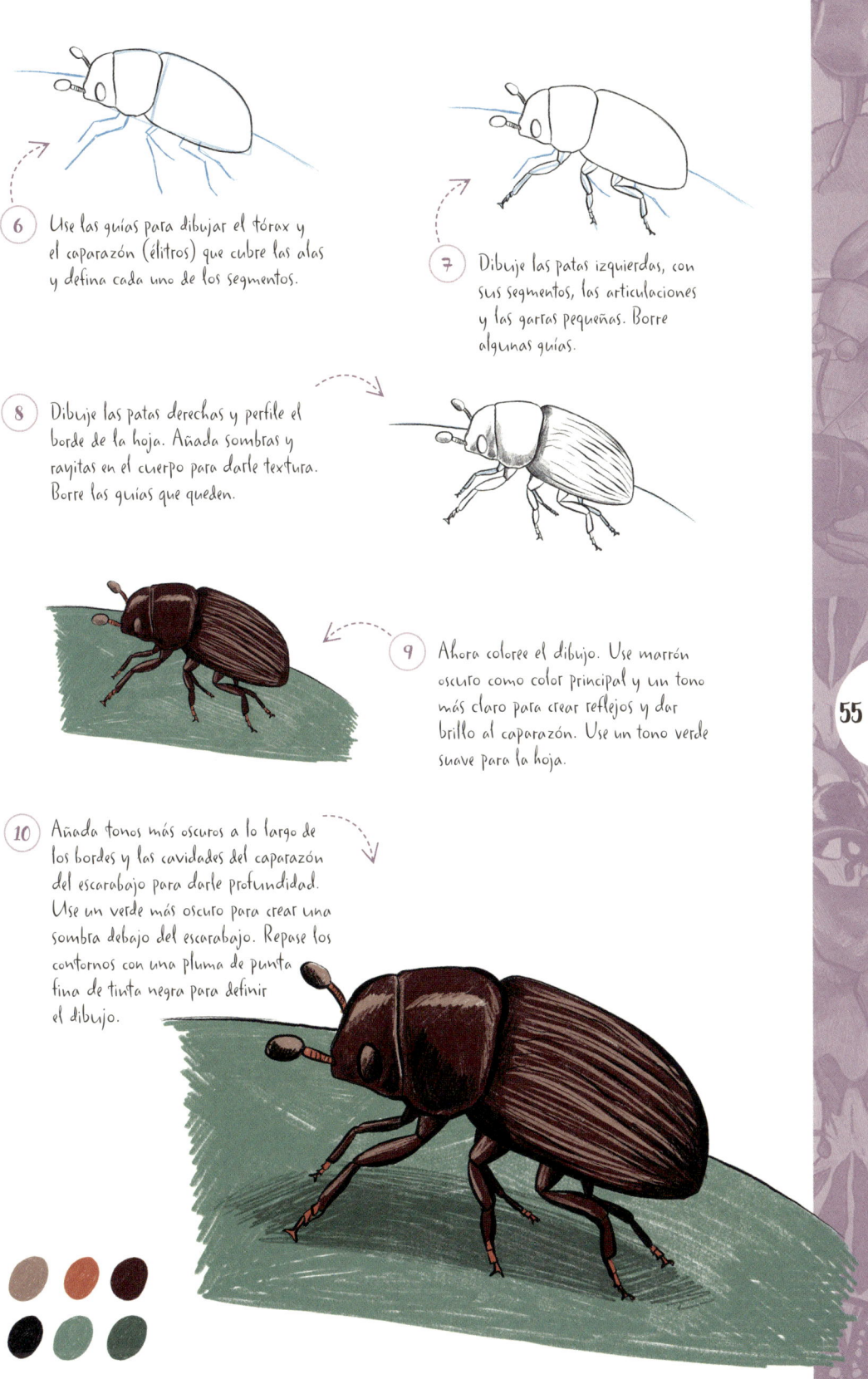

6 Use las guías para dibujar el tórax y el caparazón (élitros) que cubre las alas y defina cada uno de los segmentos.

7 Dibuje las patas izquierdas, con sus segmentos, las articulaciones y las garras pequeñas. Borre algunas guías.

8 Dibuje las patas derechas y perfile el borde de la hoja. Añada sombras y rayitas en el cuerpo para darle textura. Borre las guías que queden.

9 Ahora coloree el dibujo. Use marrón oscuro como color principal y un tono más claro para crear reflejos y dar brillo al caparazón. Use un tono verde suave para la hoja.

10 Añada tonos más oscuros a lo largo de los bordes y las cavidades del caparazón del escarabajo para darle profundidad. Use un verde más oscuro para crear una sombra debajo del escarabajo. Repase los contornos con una pluma de punta fina de tinta negra para definir el dibujo.

Escarabajo Goliat

Este escarabajo de patas fuertes presenta un tamaño impresionante y un llamativo estampado en blanco y negro en el caparazón. En cada pata posee un par de garras afiladas que le permiten trepar fácilmente.

1 Esboce un óvalo alargado para hacer el tórax del escarabajo. Añada una forma de V invertida como guía para la cabeza.

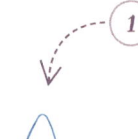

2 Trace una forma de U como guía para el abdomen.

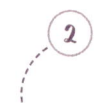

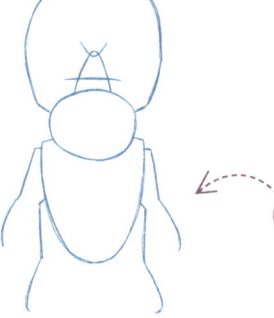

3 Añada líneas guía para las seis patas del escarabajoo. Dibuje una línea curva y otra horizontal en la cabeza; servirán para situar los ojos y otros rasgos de la cara.

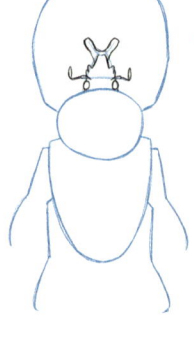

4 Con una pluma, dibuje los ojos, las mandíbulas, las antenas y el cuerno en forma de Y, característico de los machos.

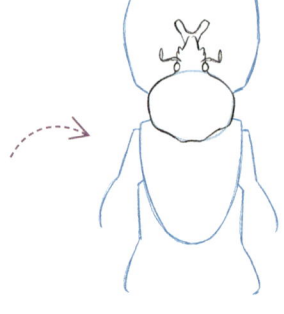

5 Dibuje el tórax.

56

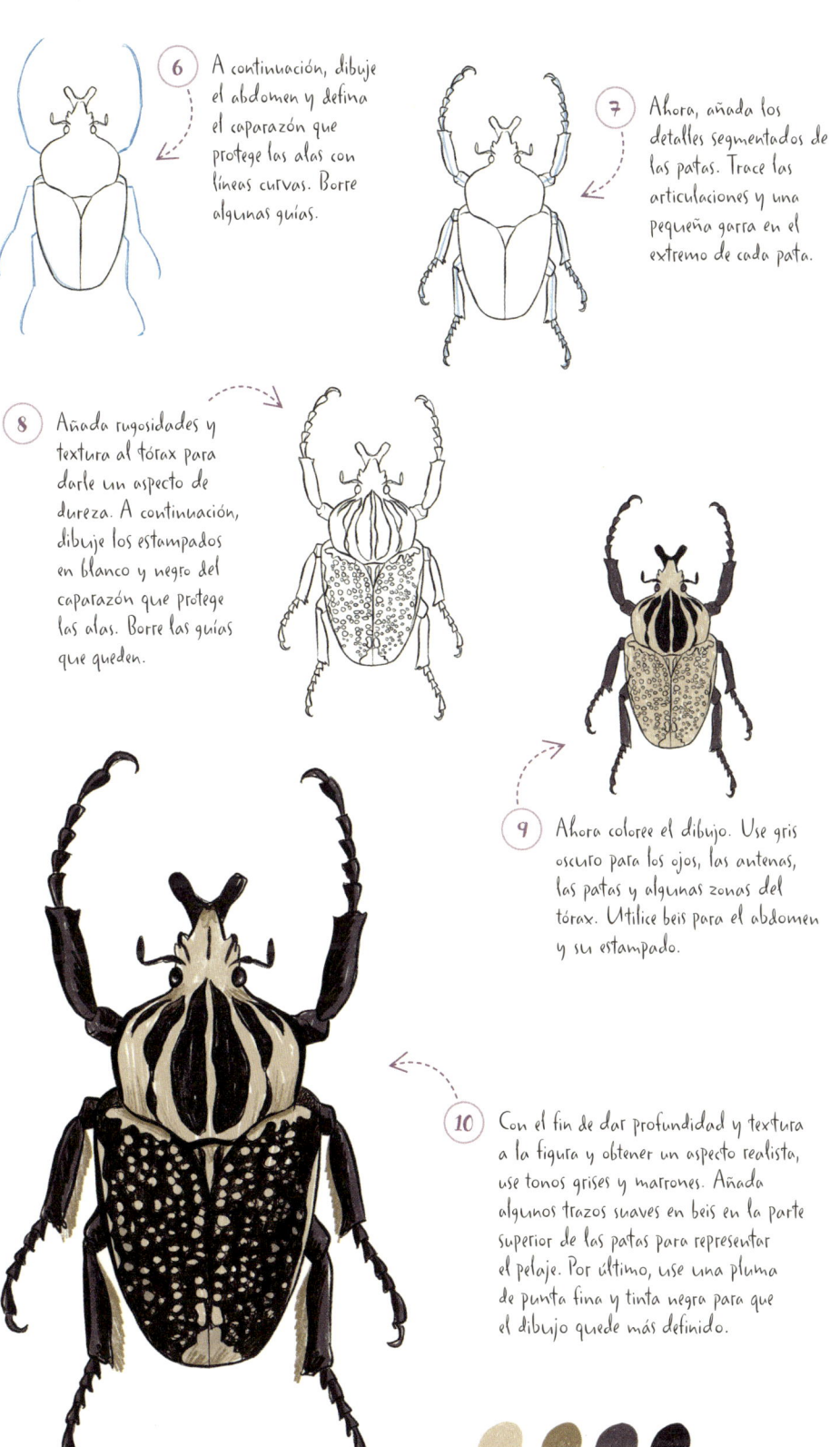

6 A continuación, dibuje el abdomen y defina el caparazón que protege las alas con líneas curvas. Borre algunas guías.

7 Ahora, añada los detalles segmentados de las patas. Trace las articulaciones y una pequeña garra en el extremo de cada pata.

8 Añada rugosidades y textura al tórax para darle un aspecto de dureza. A continuación, dibuje los estampados en blanco y negro del caparazón que protege las alas. Borre las guías que queden.

9 Ahora coloree el dibujo. Use gris oscuro para los ojos, las antenas, las patas y algunas zonas del tórax. Utilice beis para el abdomen y su estampado.

10 Con el fin de dar profundidad y textura a la figura y obtener un aspecto realista, use tonos grises y marrones. Añada algunos trazos suaves en beis en la parte superior de las patas para representar el pelaje. Por último, use una pluma de punta fina y tinta negra para que el dibujo quede más definido.

Escarabajos
Escarabajo Hércules

Este escarabajo tiene un par de cuernos impresionantes. Fíjese en las longitudes del cuerpo y de los cuernos para calcular mejor las proporciones correctas.

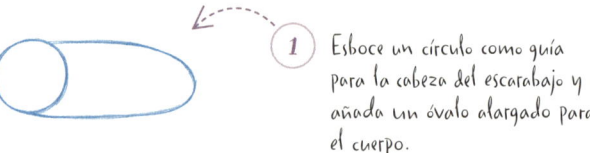

1 Esboce un círculo como guía para la cabeza del escarabajo y añada un óvalo alargado para el cuerpo.

2 Trace una línea larga y curvada hacia abajo como guía para hacer el cuerno superior, y una línea también larga y curvada, esta vez hacia arriba, para hacer el cuerno inferior.

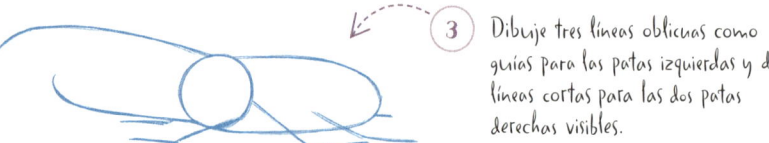

58

3 Dibuje tres líneas oblicuas como guías para las patas izquierdas y dos líneas cortas para las dos patas derechas visibles.

4 Con una pluma, dibuje los cuernos y enriquézcalos con detalles.

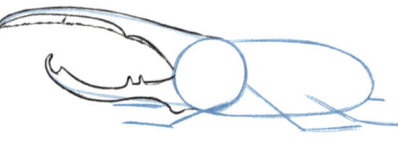

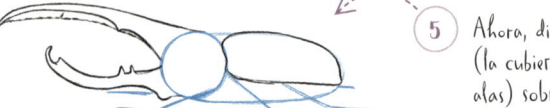

5 Ahora, dibuje el élitro (la cubierta dura de las alas) sobre el abdomen.

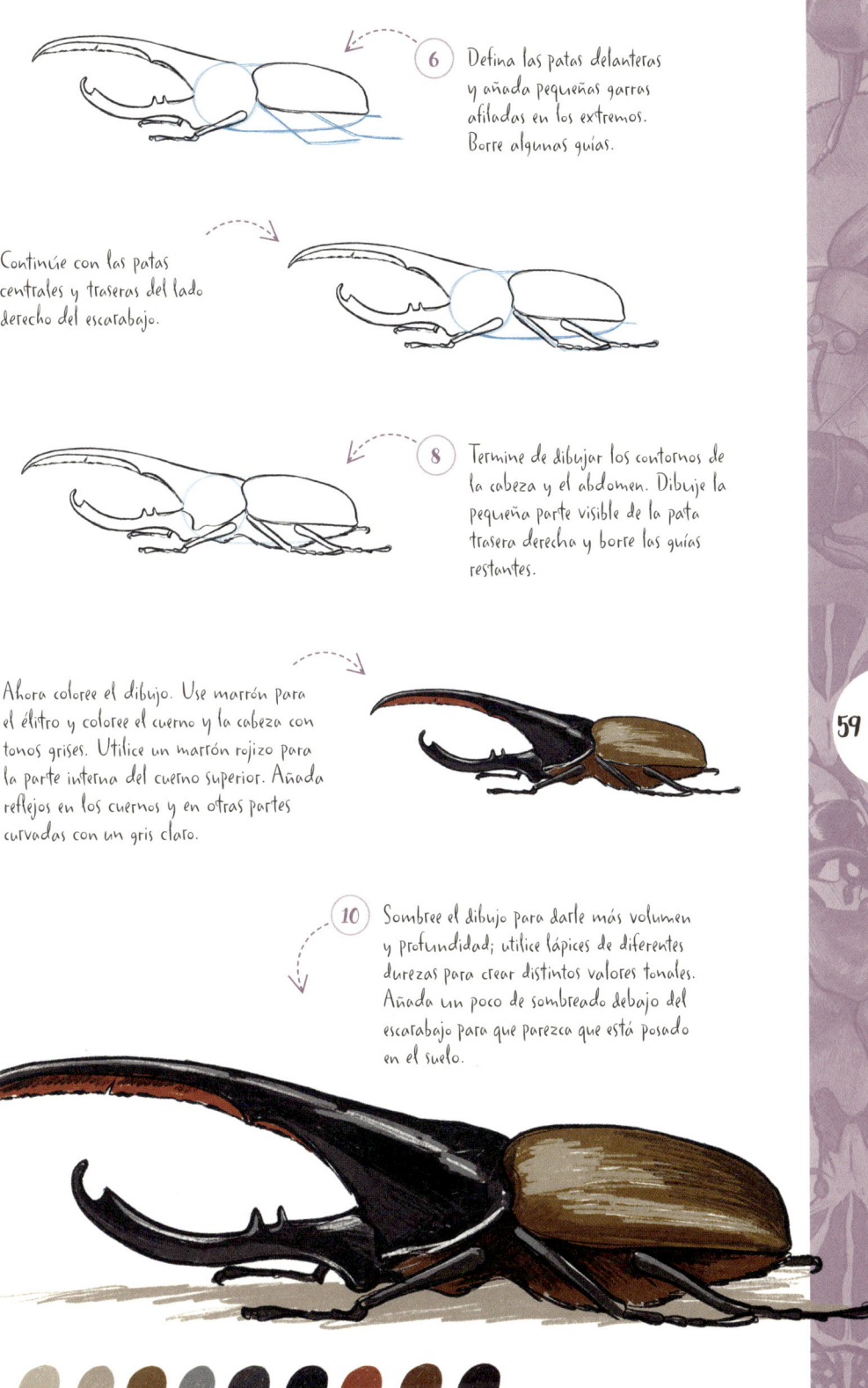

6 Defina las patas delanteras y añada pequeñas garras afiladas en los extremos. Borre algunas guías.

7 Continúe con las patas centrales y traseras del lado derecho del escarabajo.

8 Termine de dibujar los contornos de la cabeza y el abdomen. Dibuje la pequeña parte visible de la pata trasera derecha y borre las guías restantes.

9 Ahora coloree el dibujo. Use marrón para el élitro y coloree el cuerno y la cabeza con tonos grises. Utilice un marrón rojizo para la parte interna del cuerno superior. Añada reflejos en los cuernos y en otras partes curvadas con un gris claro.

10 Sombree el dibujo para darle más volumen y profundidad; utilice lápices de diferentes durezas para crear distintos valores tonales. Añada un poco de sombreado debajo del escarabajo para que parezca que está posado en el suelo.

Escarabajo joya moteado rojo

Cuando dibuje este vistoso escarabajo, preste mucha atención al aplicar el sombreado que debe dar a los colores un aspecto brillante y metálico, sin duda, el gran atractivo del insecto.

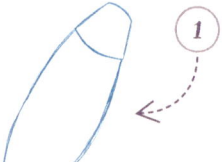

1 Empiece esbozando un óvalo alargado para hacer el cuerpo. Añada una línea curva en la parte superior para dividir la forma y crear la cabeza.

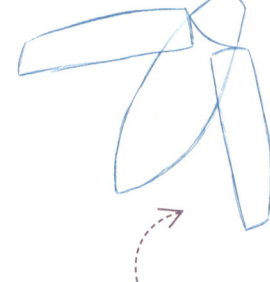

2 Esboce las guías para las alas delanteras.

3 Dibuje las guías de las alas traseras, que son más pequeñas y más delgadas y están más cerca del abdomen del escarabajo.

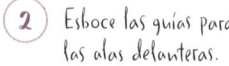

4 Trace dos antenas curvas y las dos patas delanteras angulares. Las otras cuatro patas no serán visibles. Añada dos líneas verticales como guías para el tallo de la planta.

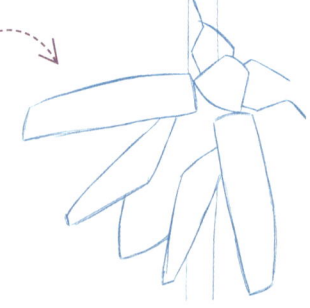

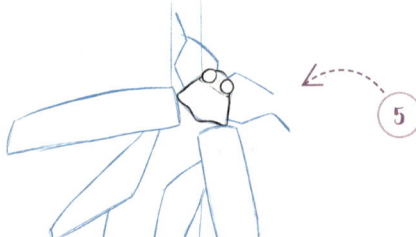

5 Con una pluma, trace la forma de la cabeza y dibuje dos ojos grandes.

6 Defina la cabeza y las alas delanteras, que deben estrecharse en las puntas.

7 Dibuje las alas traseras y la parte final del abdomen. Borre algunas guías.

8 Añada líneas sutiles en las alas traseras y marque los segmentos en el tórax. Dibuje las patas y las antenas.

9 Ahora coloree el dibujo. Use rosa metalizado para la cabeza, azul verdoso para el tórax y naranja para las alas traseras transparentes (manteniendo verdes las partes que se superponen al tórax). Utilice un tono verdoso y uno azul para las alas delanteras.

10 Fusione los colores para imitar el irisado del escarabajo y aplique capas con los lápices de colores para crear profundidad. Añada sombreado en las zonas que serían naturalmente más oscuras, para dar profundidad y realismo al dibujo.

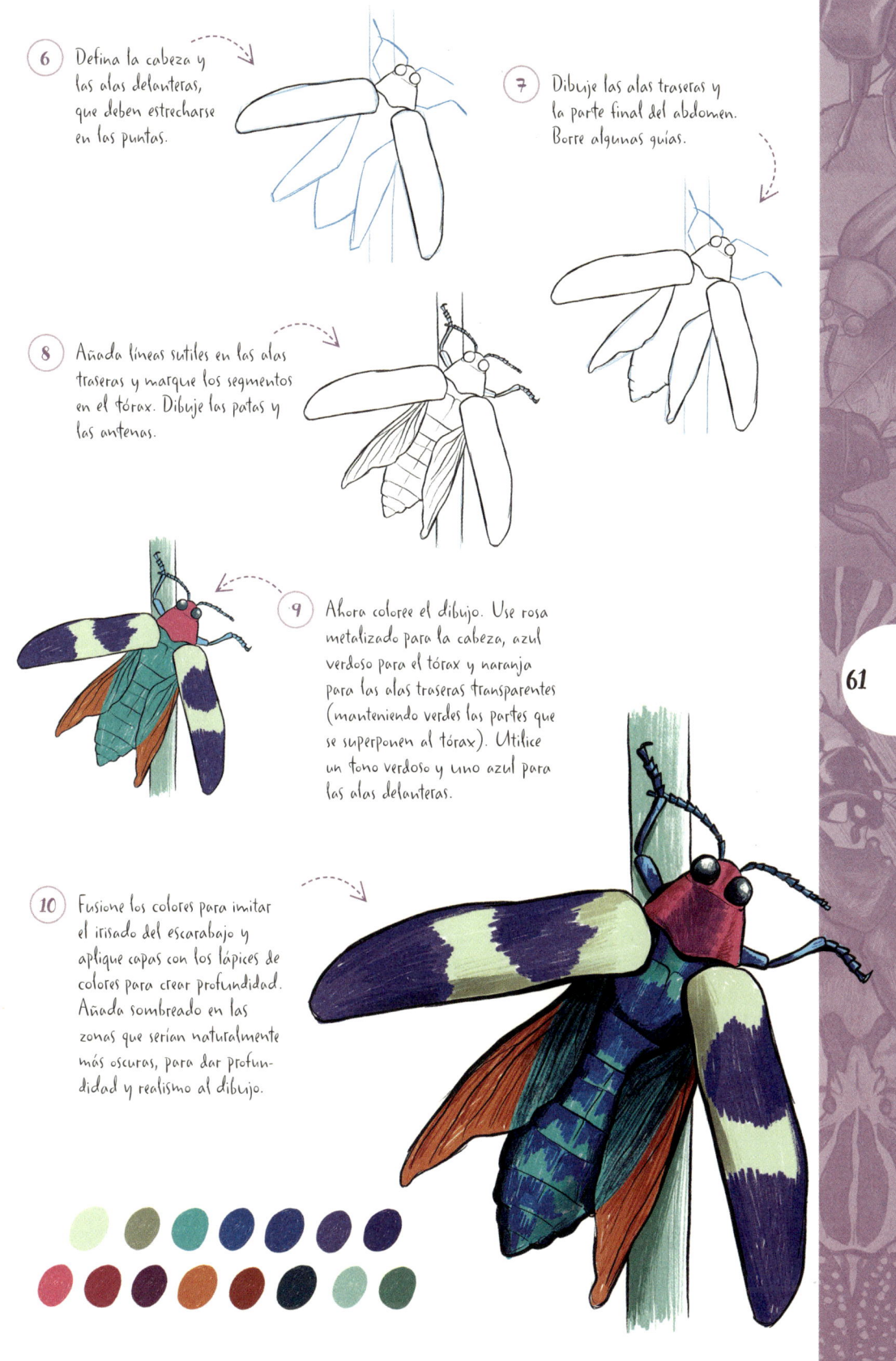

Escarabajo pelotero

Los escarabajos peloteros parecen tener una coraza en el dorso.
Este efecto metálico se puede simular aplicando sombras y efectos de luz.

1 Esboce un óvalo alargado para hacer el cuerpo del escarabajo.

2 Divida la forma en dos partes, que serán el tórax y el abdomen. Añada una forma de U como guía para la cabeza.

3 Añada guías para las tres patas derechas y las antenas.

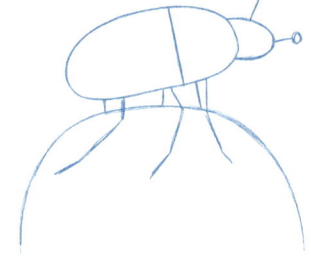

4 Dibuje una forma esférica debajo del escarabajo para hacer la bola de estiércol en la que descansa. Trace las guías para las tres patas izquierdas.

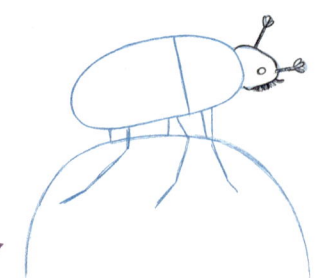

5 Con una pluma, dibuje la cabeza y un círculo pequeño para el ojo. Añada detalles a las antenas y dibuje pelos finos en la parte inferior de la boca.

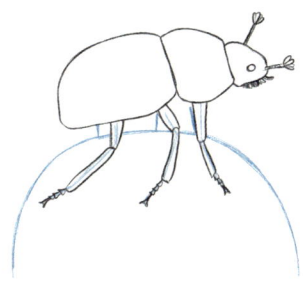

6 Defina las formas del tórax y el abdomen.

7 Dibuje los detalles de las patas derechas y añada pequeñas garras al final.

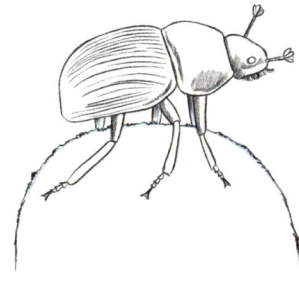

8 Dibuje las patas izquierdas y añada algunas sombras en el cuerpo y la cabeza. Haga unas tenues líneas y rugosidades en los élitros y dibuje un contorno ondulado para la bola de estiércol. Borre las guías que queden.

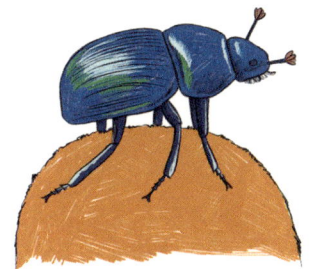

9 Ahora coloree el dibujo. Use el azul oscuro como color principal, con algunos reflejos verdes y azules pálidos. Pinte la bola de estiércol de color marrón claro.

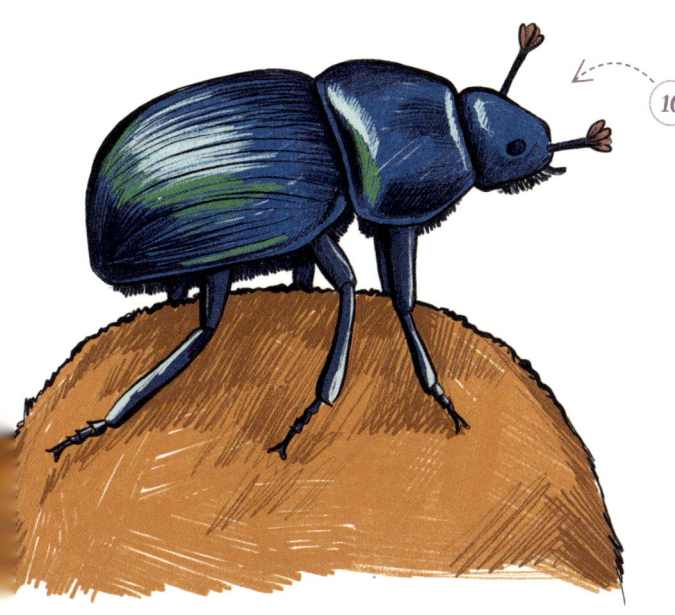

10 Use tonos más oscuros en la parte inferior de la figura para dar profundidad. Añada reflejos para resaltar el brillo y la dureza, y dibuje una línea de pelos cortos debajo del tórax y el abdomen. Use un lápiz de color marrón oscuro para sombrear y dar textura a la bola de estiércol.

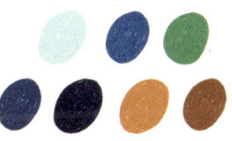

Gorgojo

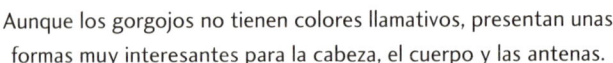

Aunque los gorgojos no tienen colores llamativos, presentan unas formas muy interesantes para la cabeza, el cuerpo y las antenas.

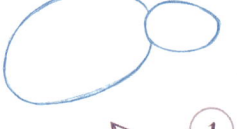

1 Esboce un óvalo pequeño para la cabeza y otro más grande para el cuerpo.

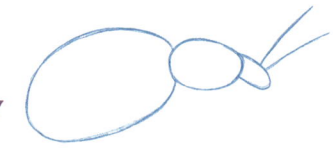

2 Trace una forma tubular para la trompa y añada dos antenas.

3 Dibuje guías para las tres patas derechas dispuestas en ángulo.

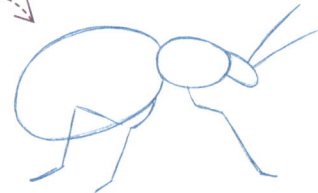

4 Con una pluma, trace la trompa y las antenas, y dibuje un óvalo pequeño para el ojo.

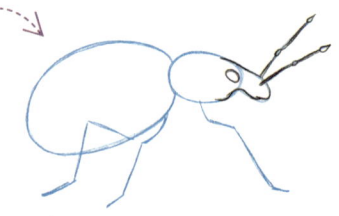

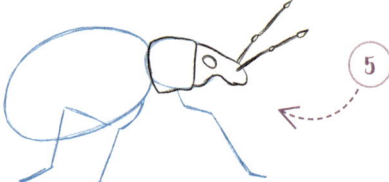

5 Perfile el contorno del tórax, cuadrado e irregular, junto a la cabeza.

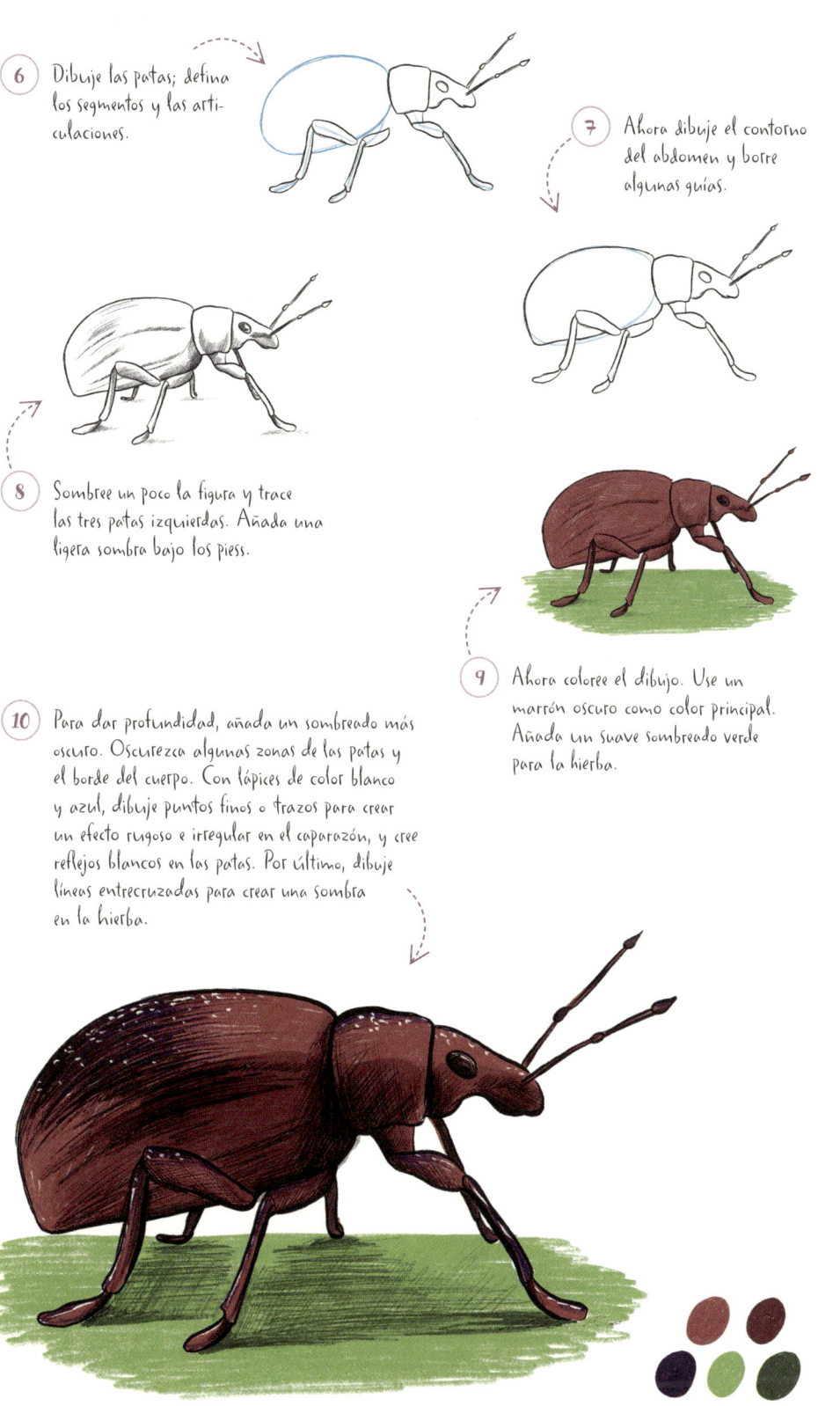

6 Dibuje las patas; defina los segmentos y las articulaciones.

7 Ahora dibuje el contorno del abdomen y borre algunas guías.

8 Sombree un poco la figura y trace las tres patas izquierdas. Añada una ligera sombra bajo los piess.

9 Ahora coloree el dibujo. Use un marrón oscuro como color principal. Añada un suave sombreado verde para la hierba.

10 Para dar profundidad, añada un sombreado más oscuro. Oscurezca algunas zonas de las patas y el borde del cuerpo. Con lápices de color blanco y azul, dibuje puntos finos o trazos para crear un efecto rugoso e irregular en el caparazón, y cree reflejos blancos en las patas. Por último, dibuje líneas entrecruzadas para crear una sombra en la hierba.

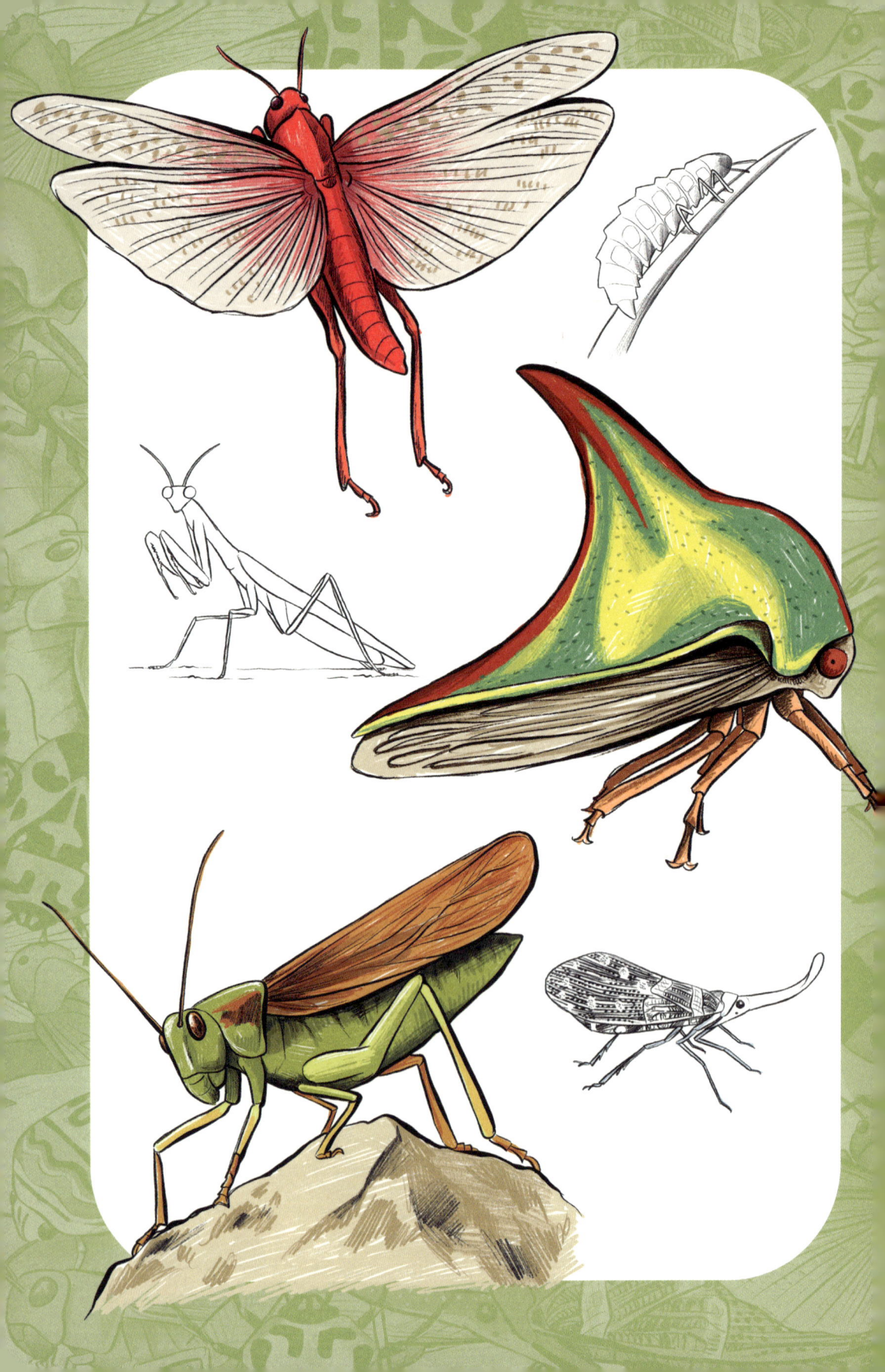

Insectos

Insectos
Chinche Picasso

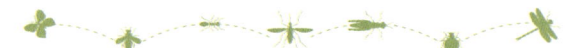

Este insecto tan poco común se caracteriza por el llamativo y colorido estampado de su caparazón, que sirve para ahuyentar a los depredadores.

1 Esboce dos círculos que se toquen, tal com ve aquí.

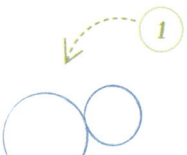

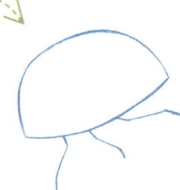

2 Trace una forma alrededor de los círculos como guía para el caparazón del insecto. Hágala redondeada en la parte superior y casi plana en la base.

3 Añada tres guías angulares para las patas.

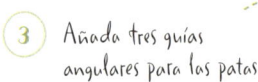

4 Defina la cabeza del insecto con una línea en la punta del caparazón. Añada dos guías para las antenas y dibuje el contorno de una hoja debajo del insecto.

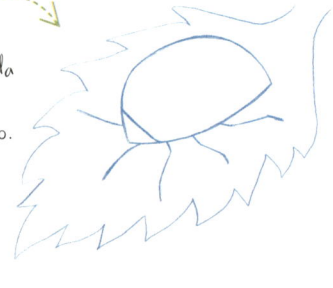

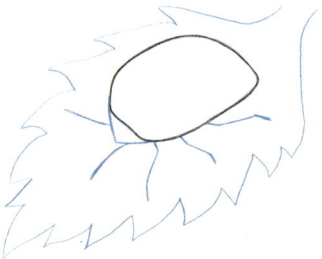

5 Use una pluma o un rotulador negro de punta fina para dibujar el contorno del cuerpo.

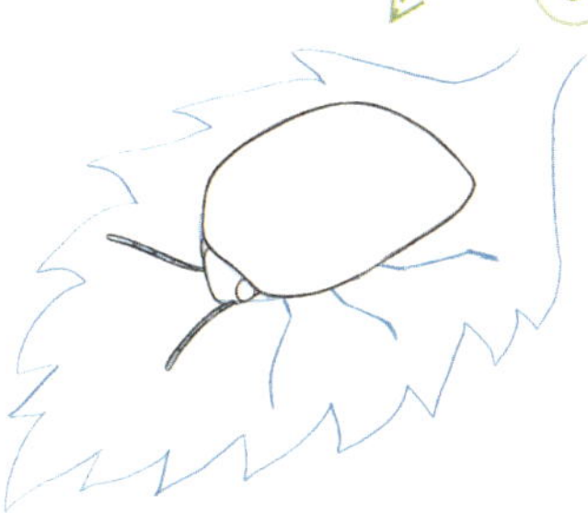

6 Trace un circulito a cada lado de la cabeza para los ojos y defina las antenas con rayitas horizontales.

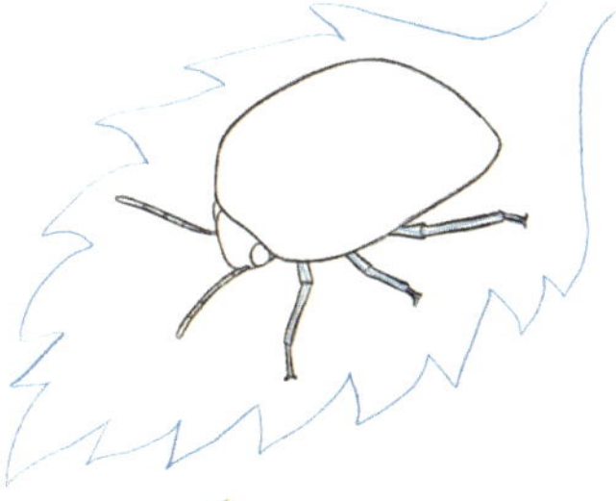

8 Ahora dibuje los estampados característicos del caparazón, que consisten en líneas onduladas en la parte delantera y formas ovaladas irregulares en la parte trasera. Dibuje la hoja en la que descansa el insecto y borre las guías restantes.

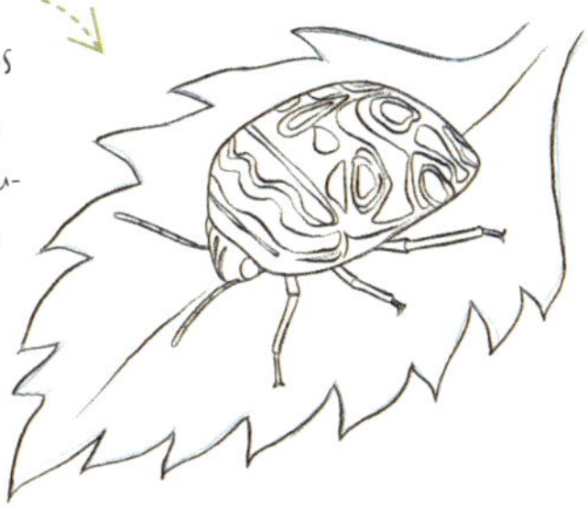

7 Dibuje las patas, prestando atención a las articulaciones. Borre las guías de la cabeza y el cuerpo.

9 Ahora coloree el dibujo. Pinte la cabeza, las patas y el cuerpo de un color amarillo verdoso claro. A continuación, coloree el caparazón con verde turquesa, rojo y negro. Use un verde brillante para la hoja.

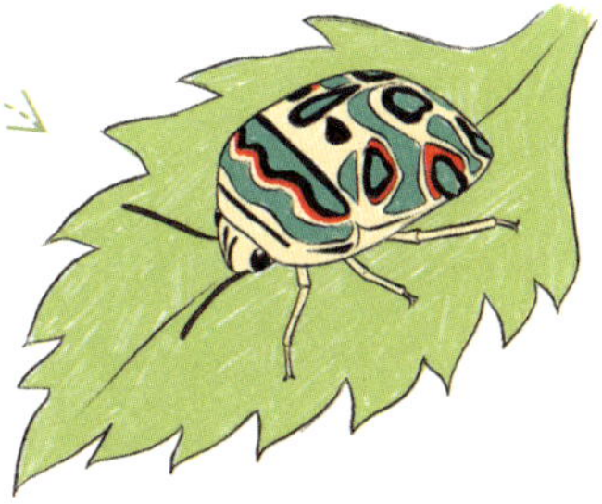

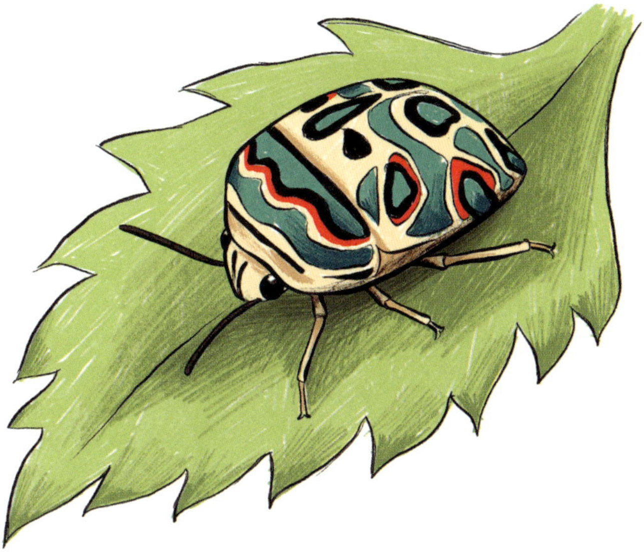

10 Sombree ligeramente los bordes del cuerpo para darle un aspecto redondeado y tridimensional. Difumine los colores suavemente y añada una ligera sombra en la hoja para darle profundidad.

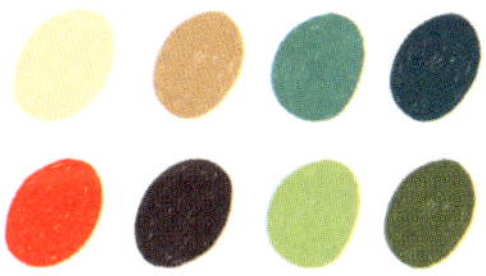

Insectos
Chicharra

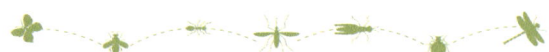

La chicharra tiene unas alas largas y nervadas. Aplique sus conocimientos acerca del sombreado para crear un degradado de amarillo a verde.

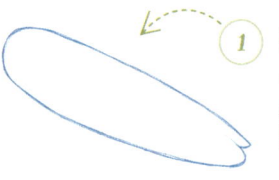

1 Esboce una forma ovalada alargada como guía para el cuerpo de la chicharra, con una ligera hendidura al final.

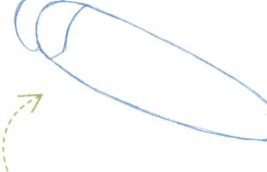

2 Trace una línea curva en la parte superior como guía para la cabeza. A continuación, dibuje una línea oblicua dentro de la forma ovalada, como guía para el tórax.

3 Añada un segundo contorno en la parte interior del cuerpo. Esboce tres guías angulares para las patas.

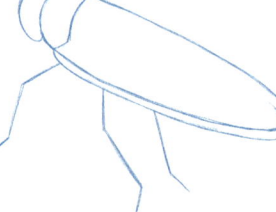

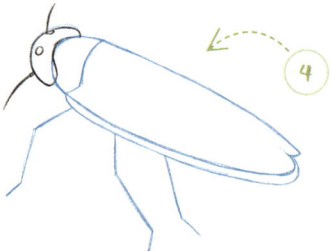

4 Con una pluma, dibuje la cabeza y añada dos antenas cortas y dos círculos pequeños para los ojos.

5 Dibuje la forma del tórax y marque las alas en la parte superior del cuerpo, asegurándose de que el ala izquierda se superpone a la derecha.

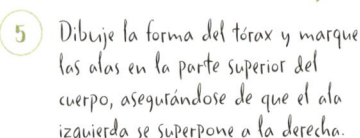

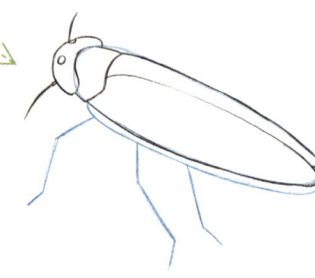

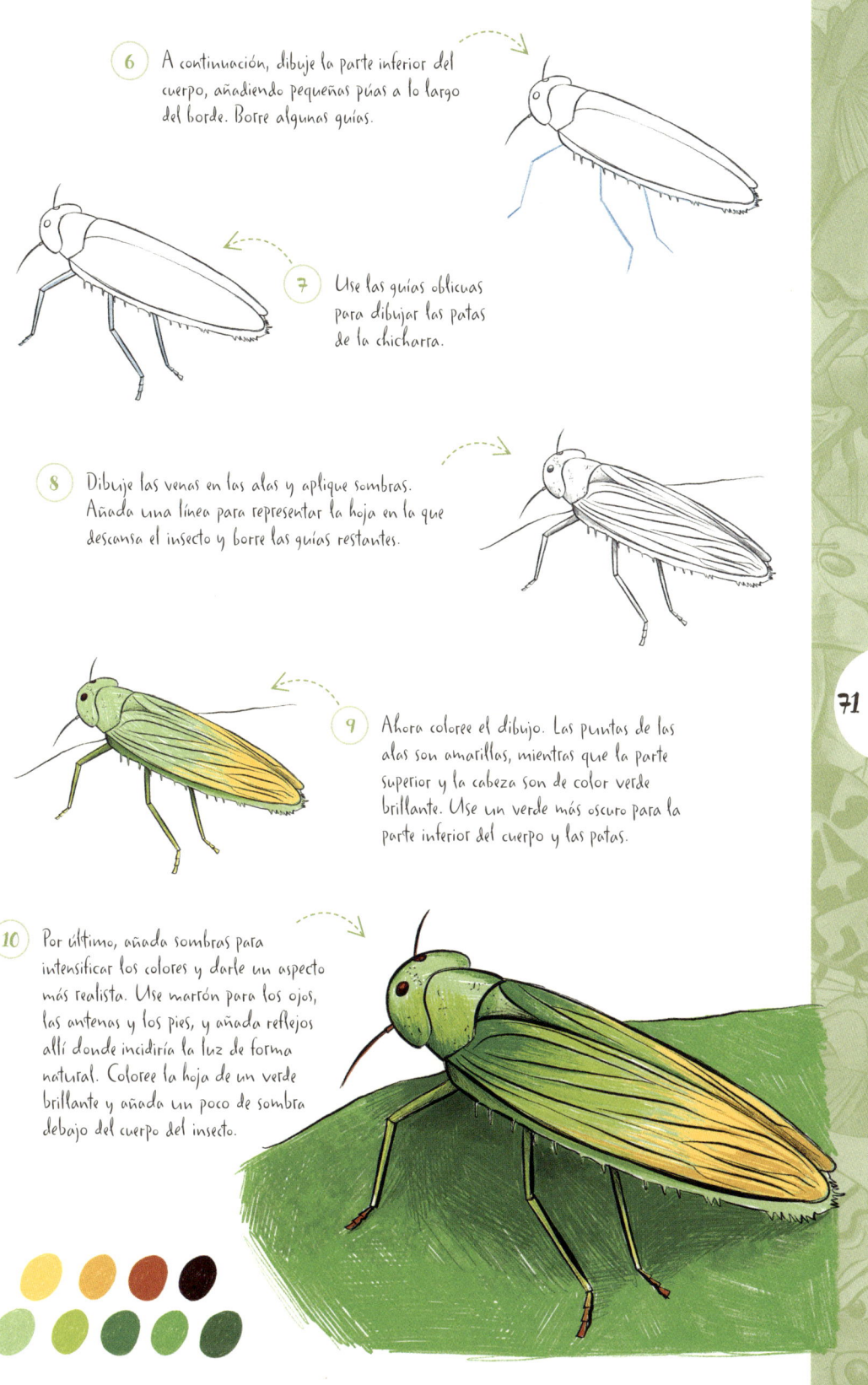

6 A continuación, dibuje la parte inferior del cuerpo, añadiendo pequeñas púas a lo largo del borde. Borre algunas guías.

7 Use las guías oblicuas para dibujar las patas de la chicharra.

8 Dibuje las venas en las alas y aplique sombras. Añada una línea para representar la hoja en la que descansa el insecto y borre las guías restantes.

9 Ahora coloree el dibujo. Las puntas de las alas son amarillas, mientras que la parte superior y la cabeza son de color verde brillante. Use un verde más oscuro para la parte inferior del cuerpo y las patas.

10 Por último, añada sombras para intensificar los colores y darle un aspecto más realista. Use marrón para los ojos, las antenas y los pies, y añada reflejos allí donde incidiría la luz de forma natural. Coloree la hoja de un verde brillante y añada un poco de sombra debajo del cuerpo del insecto.

Insectos
Cigarra

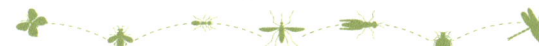

Este ruidoso insecto tiene unas alas transparentes muy bonitas. Asegúrese de dibujar venas delicadas en las alas para resaltar este detalle.

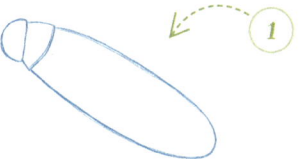

1 Esboce una forma ovalada alargada como guía para hacer el abdomen de la cigarra. En el extremo superior, dibuje una forma rectangular para el tórax y un semicírculo para la cabeza.

2 Trace un ala curva que se extienda desde el tórax. La segunda ala no será visible.

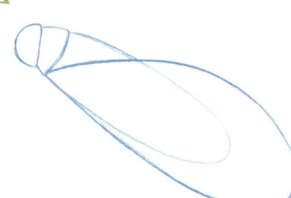

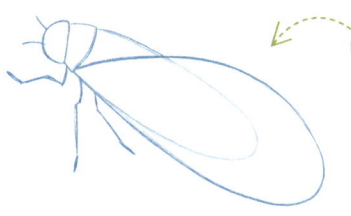

3 Añada tres guías para las patas izquierdas; las otras tres patas no serán visibles. Esboce dos guías cortas para las antenas.

4 Con la pluma, dibuje líneas a modo de venas en el ala para crear una textura natural.

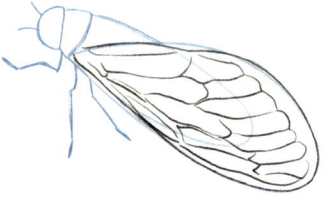

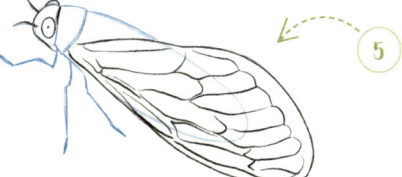

5 Dibuje los ojos, las antenas y el contorno de la cabeza. Borre la guía del ala.

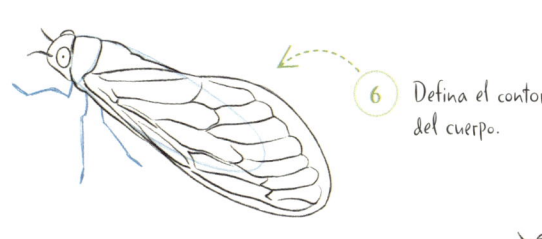

6 Defina el contorno del cuerpo.

7 Dibuje las patas articuladas y esboce el primer trazo de la hoja en la que descansa el insecto.

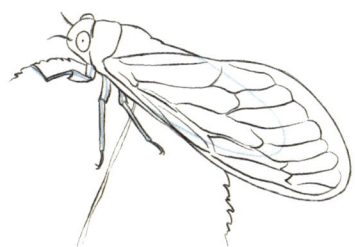

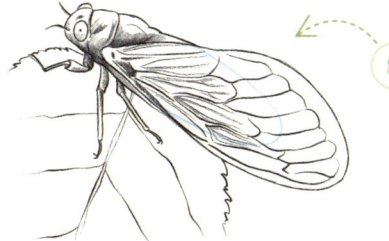

8 Ahora añada sombras al cuerpo, las patas y el ala. Mantenga la guía del abdomen, ya que le ayudará a aplicar el color en los siguientes pasos, pero borre todas las demás. Trace líneas finas en la hoja.

9 Ahora coloree el dibujo. Utilice amarillo y naranja para las alas, y azul oscuro y gris para el cuerpo. El abdomen, que se ve a través del ala, debe tener un tono apagado. Use rojo brillante para los ojos y marrón para la parte inferior de las patas. Coloree la hoja de color verde.

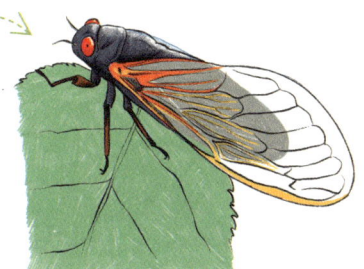

10 Añada sombras al dibujo para darle personalidad y preste especial atención a las alas, la parte inferior del cuerpo y la hoja. Por último, repase los contornos con una pluma de tinta negra para definirlos.

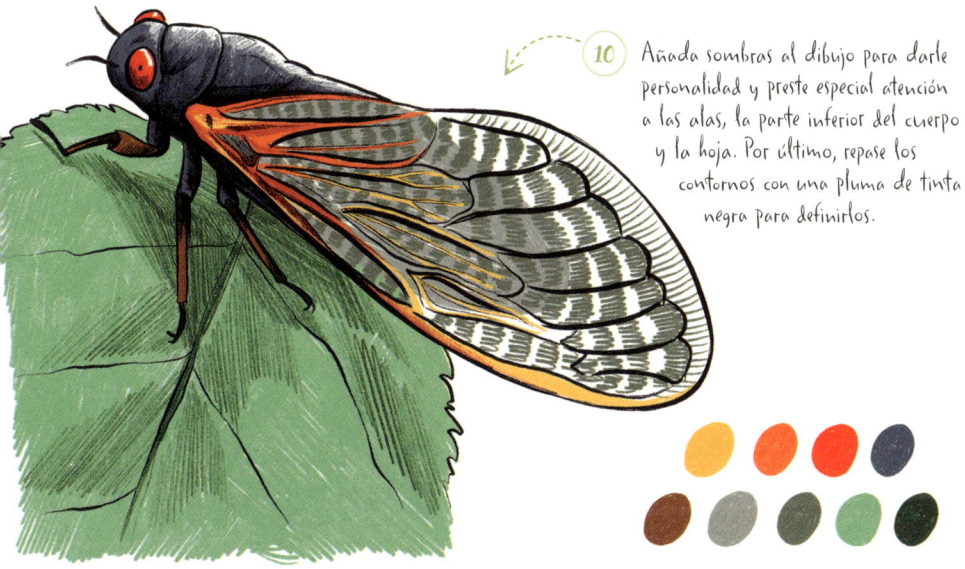

Saltamontes

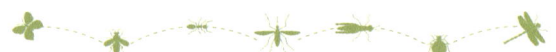

Las robustas patas traseras del saltamontes le ayudarán a conseguir las proporciones correctas en este dibujo. Aplique las sombras cuidadosamente para captar todos los detalles del insecto.

1 Esboce un pequeño círculo como guía para la parte superior de la cabeza. Luego, dibuje una forma de U para la parte inferior.

2 A la izquierda, dibuje un círculo más grande como guía para la parte delantera del cuerpo. Luego, dibuje un círculo más pequeño para la parte posterior del cuerpo.

3 Dibuje dos líneas cortas que unan la cabeza con el segundo círculo para formar el cuello. A continuación, dibuje dos líneas largas para completar la guía del cuerpo.

4 Trace líneas oblicuas como guías para las patas del saltamontes; las traseras son mucho más grandes que las delanteras.

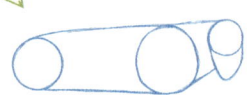

5 Con una pluma, dibuje el ojo y las antenas. A continuación, haga una forma irregular para la cabeza, como puede ver aquí.

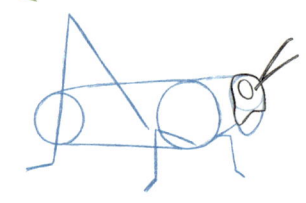

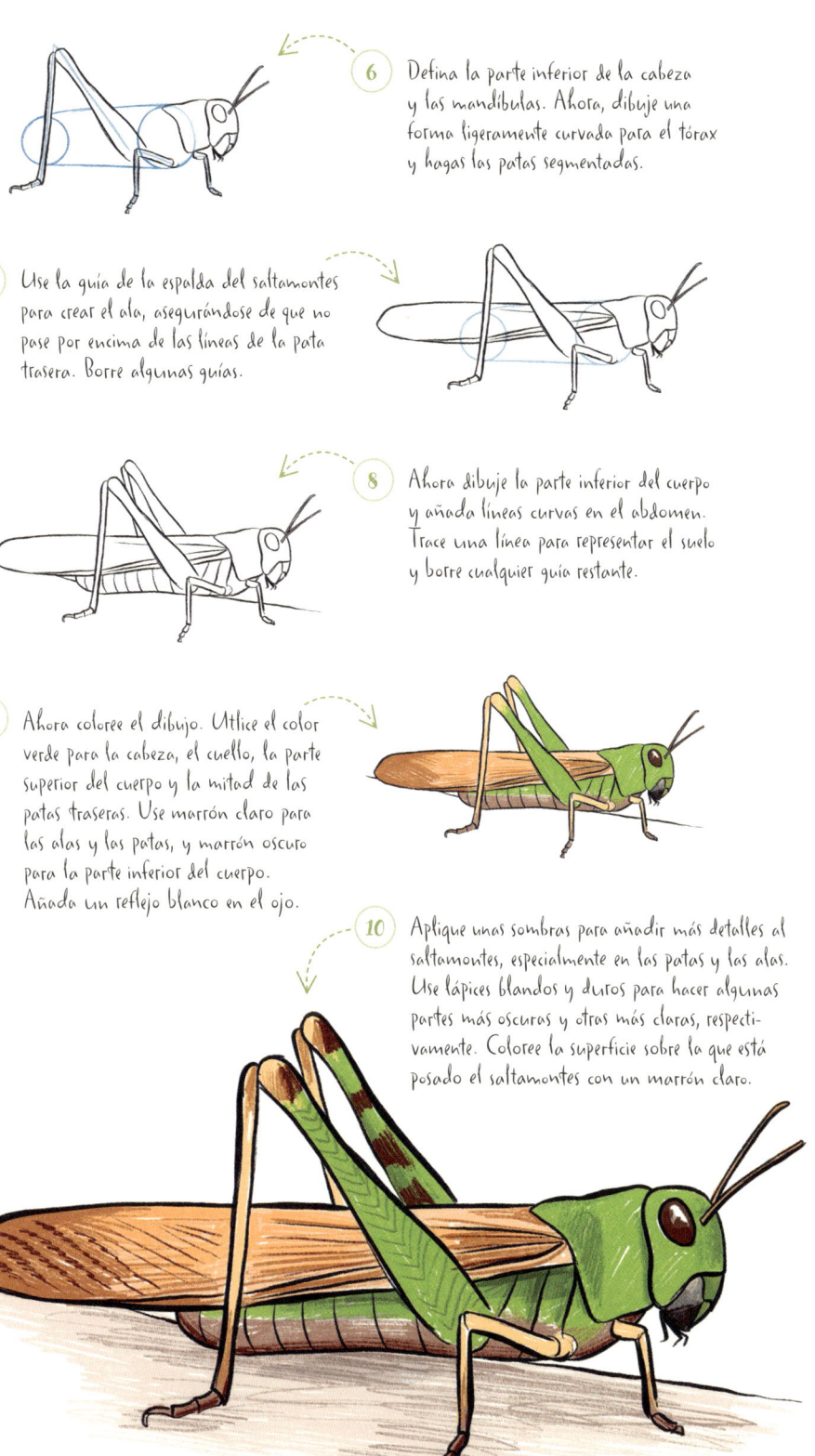

6 Defina la parte inferior de la cabeza y las mandíbulas. Ahora, dibuje una forma ligeramente curvada para el tórax y hagas las patas segmentadas.

7 Use la guía de la espalda del saltamontes para crear el ala, asegurándose de que no pase por encima de las líneas de la pata trasera. Borre algunas guías.

8 Ahora dibuje la parte inferior del cuerpo y añada líneas curvas en el abdomen. Trace una línea para representar el suelo y borre cualquier guía restante.

9 Ahora coloree el dibujo. Utlice el color verde para la cabeza, el cuello, la parte superior del cuerpo y la mitad de las patas traseras. Use marrón claro para las alas y las patas, y marrón oscuro para la parte inferior del cuerpo. Añada un reflejo blanco en el ojo.

10 Aplique unas sombras para añadir más detalles al saltamontes, especialmente en las patas y las alas. Use lápices blandos y duros para hacer algunas partes más oscuras y otras más claras, respectivamente. Coloree la superficie sobre la que está posado el saltamontes con un marrón claro.

Saltamontes alpino

Al igual que la mayoría de los saltamontes, el alpino tiene las patas traseras muy grandes. Cuide el colorido y la aplicación de sombras para obtener un mejor resultado.

1 Esboce un pequeño círculo como guía para la parte superior de la cabeza y añada una forma de U curvada debajo. A continuación, dibuje un círculo más grande como guía para el tórax.

2 Trace una forma ovalada y alargada como guía para el ala y añada las líneas que unen la cabeza y el cuerpo.

3 Trace una guía debajo del ala para el cuerpo.

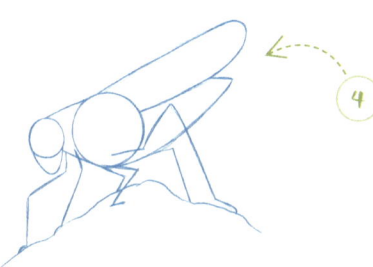

4 Trace las guías para las seis patas y haga que las traseras sean un poco más grandes. Esboce el contorno de una roca junto a los pies del saltamontes.

5 Con una pluma, dibuje los ojos y dos antenas largas. Dibuje el borde de la cabeza y añada unas líneas oblicuas en la parte inferior para representar las mandíbulas.

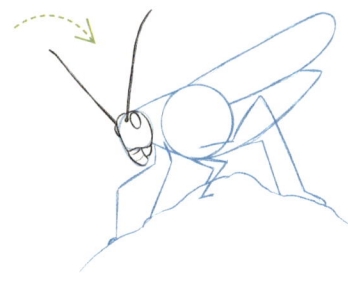

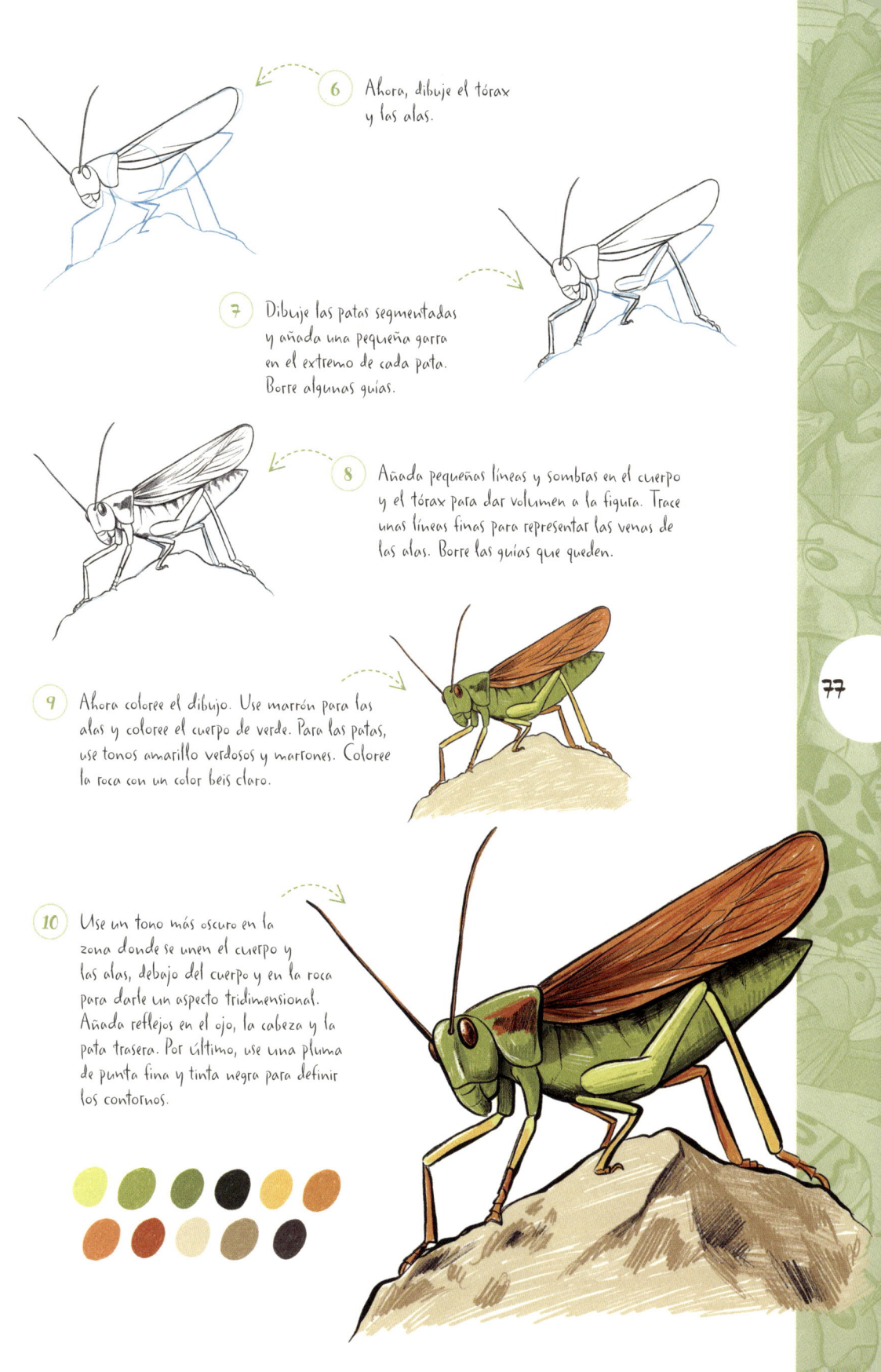

6 Ahora, dibuje el tórax y las alas.

7 Dibuje las patas segmentadas y añada una pequeña garra en el extremo de cada pata. Borre algunas guías.

8 Añada pequeñas líneas y sombras en el cuerpo y el tórax para dar volumen a la figura. Trace unas líneas finas para representar las venas de las alas. Borre las guías que queden.

9 Ahora coloree el dibujo. Use marrón para las alas y coloree el cuerpo de verde. Para las patas, use tonos amarillo verdosos y marrones. Coloree la roca con un color beis claro.

10 Use un tono más oscuro en la zona donde se unen el cuerpo y las alas, debajo del cuerpo y en la roca para darle un aspecto tridimensional. Añada reflejos en el ojo, la cabeza y la pata trasera. Por último, use una pluma de punta fina y tinta negra para definir los contornos.

Insectos

Langosta del desierto

Esta langosta de colores vivos presenta un atractivo degradado en las alas que va del rosa, en la zona interior, al beis pálido del resto de la superficie.

1 Esboce una línea recta y añada un ala larga y fina a cada lado.

2 Trace dos formas más anchas para las alas traseras.

3 Para el cuerpo de la langosta, dibuje una forma alrededor de la guía recta que se estreche al final. Esboce la cabeza y dos antenas cortas.

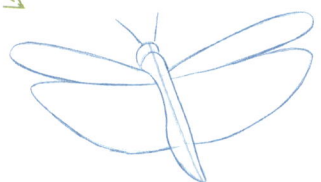

4 Ahora trace unas guías angulares para las patas traseras.

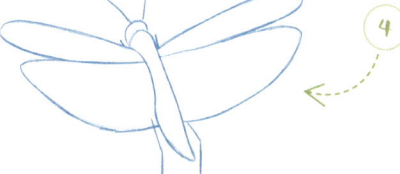

5 Con una pluma, trace el contorno de las alas con líneas ligeramente onduladas.

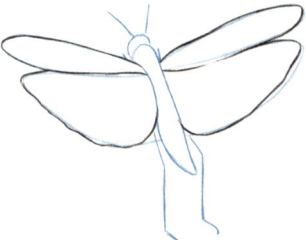

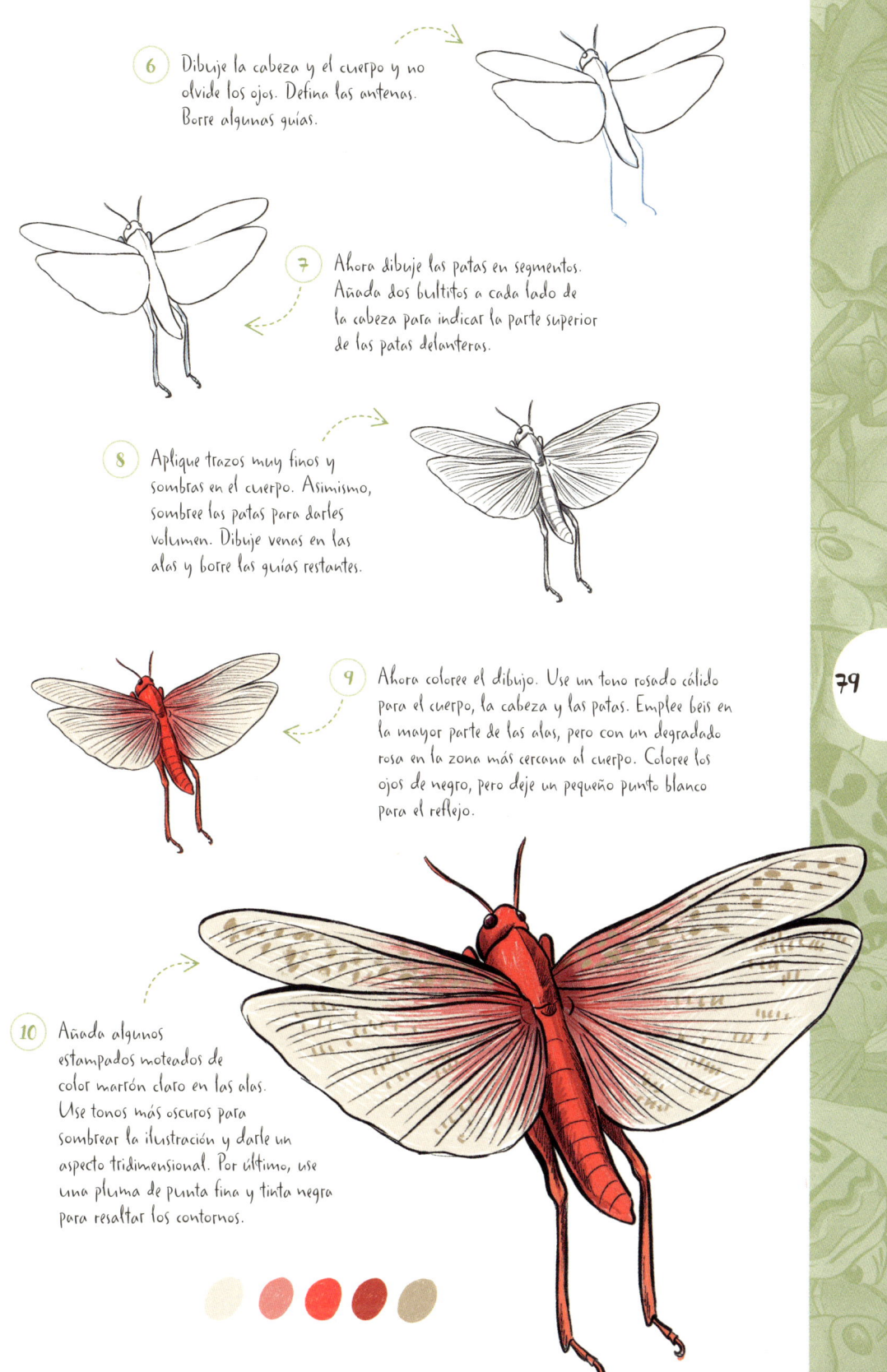

6 Dibuje la cabeza y el cuerpo y no olvide los ojos. Defina las antenas. Borre algunas guías.

7 Ahora dibuje las patas en segmentos. Añada dos bultitos a cada lado de la cabeza para indicar la parte superior de las patas delanteras.

8 Aplique trazos muy finos y sombras en el cuerpo. Asimismo, sombree las patas para darles volumen. Dibuje venas en las alas y borre las guías restantes.

9 Ahora coloree el dibujo. Use un tono rosado cálido para el cuerpo, la cabeza y las patas. Emplee beis en la mayor parte de las alas, pero con un degradado rosa en la zona más cercana al cuerpo. Coloree los ojos de negro, pero deje un pequeño punto blanco para el reflejo.

10 Añada algunos estampados moteados de color marrón claro en las alas. Use tonos más oscuros para sombrear la ilustración y darle un aspecto tridimensional. Por último, use una pluma de punta fina y tinta negra para resaltar los contornos.

Insectos
Torito

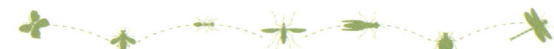

Estas criaturas de aspecto extraño pueden tener muchas formas y colores diferentes. Si difumina los colores brillantes, el insecto ganará en profundidad y realismo.

① Esboce un círculo grande y añada una forma de U alargada.

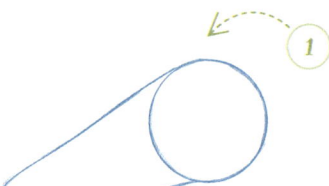

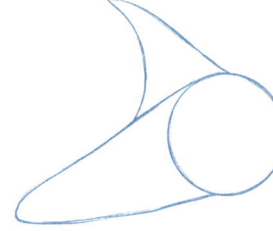

② En la parte superior, dibuje una forma triangular ligeramente curvada. Esto se convertirá en el pronoto o placa dorsal, que es una característica distintiva de los toritos.

③ Añada una línea ligeramente curvada tal como ve aquí.

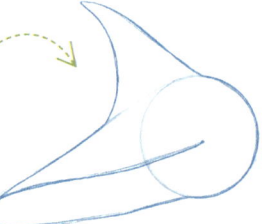

④ Use la guía para trazar la forma en zigzag que separa las partes superior e inferior del cuerpo. Añada guías para las patas.

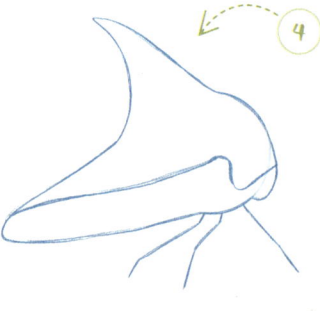

⑤ Con una pluma, dibuje el contorno de la cabeza, el ojo y la pupila.

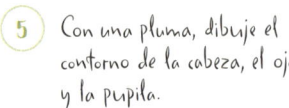

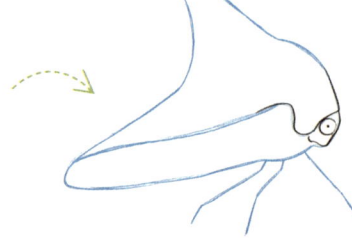

80

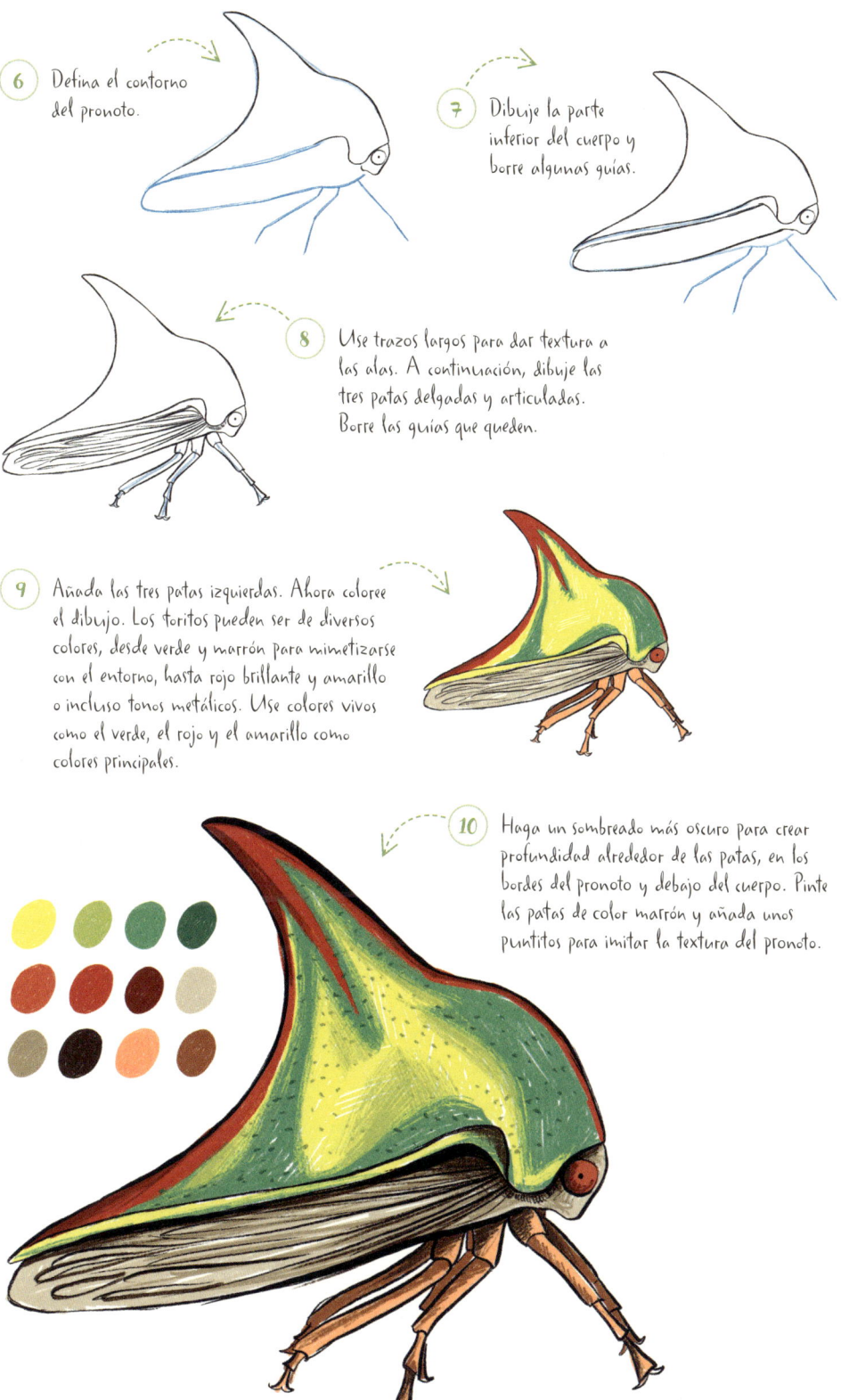

6 Defina el contorno del pronoto.

7 Dibuje la parte inferior del cuerpo y borre algunas guías.

8 Use trazos largos para dar textura a las alas. A continuación, dibuje las tres patas delgadas y articuladas. Borre las guías que queden.

9 Añada las tres patas izquierdas. Ahora coloree el dibujo. Los toritos pueden ser de diversos colores, desde verde y marrón para mimetizarse con el entorno, hasta rojo brillante y amarillo o incluso tonos metálicos. Use colores vivos como el verde, el rojo y el amarillo como colores principales.

10 Haga un sombreado más oscuro para crear profundidad alrededor de las patas, en los bordes del pronoto y debajo del cuerpo. Pinte las patas de color marrón y añada unos puntitos para imitar la textura del pronoto.

81

Chinche linterna manchada

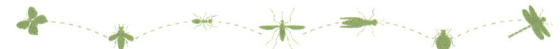

Las chinches linterna (o moscas linterna) son insectos que llaman la atención por su cabeza alargada y puntiaguda y el atractivo colorido de las alas. Su aspecto puede variar, pero se caracterizan por sus hermosos y detallados estampados.

1 Esboce un óvalo alargado para hacer el tórax y el abdomen. Trace una línea larga hacia arriba desde la parte delantera, que será la trompa del insecto.

2 Añada una pequeña cabeza triangular y un círculo para el ojo. Esboce cinco patas delgadas y angulares.

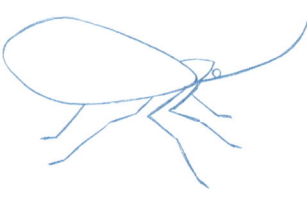

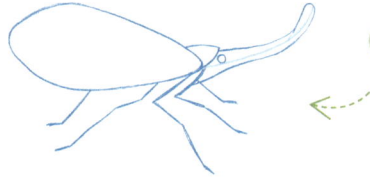

3 Esboce la trompa siguiendo la línea guía curvada del paso 1.

4 Con una pluma o un lápiz, dibuje la cabeza, los ojos y la trompa.

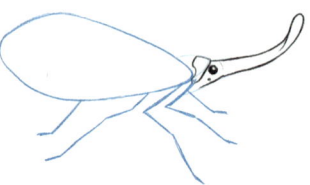

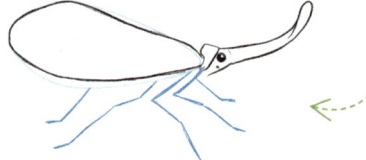

5 A continuación, defina el contorno del ala.

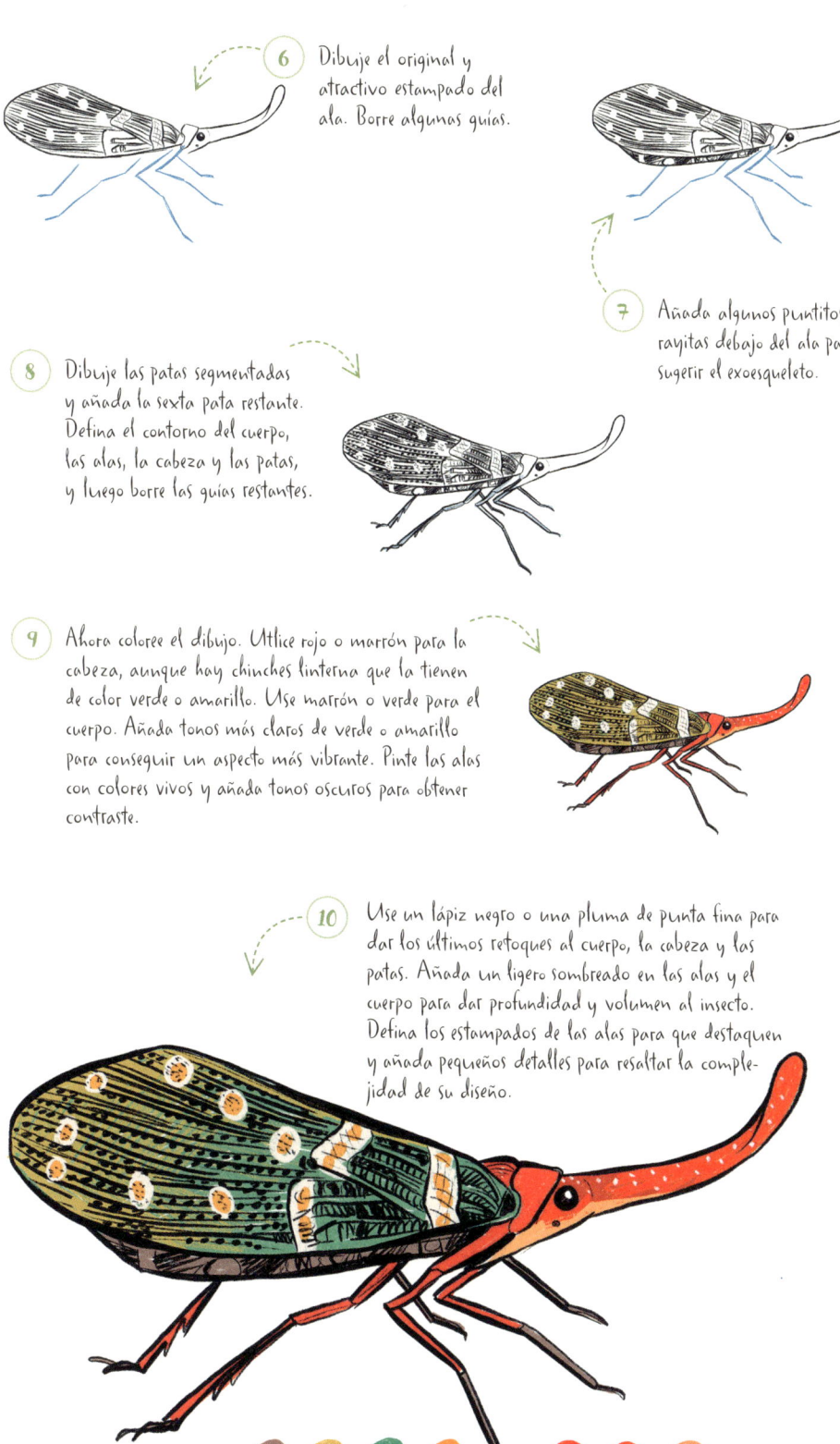

6 Dibuje el original y atractivo estampado del ala. Borre algunas guías.

7 Añada algunos puntitos o rayitas debajo del ala para sugerir el exoesqueleto.

8 Dibuje las patas segmentadas y añada la sexta pata restante. Defina el contorno del cuerpo, las alas, la cabeza y las patas, y luego borre las guías restantes.

9 Ahora coloree el dibujo. Utlice rojo o marrón para la cabeza, aunque hay chinches linterna que la tienen de color verde o amarillo. Use marrón o verde para el cuerpo. Añada tonos más claros de verde o amarillo para conseguir un aspecto más vibrante. Pinte las alas con colores vivos y añada tonos oscuros para obtener contraste.

10 Use un lápiz negro o una pluma de punta fina para dar los últimos retoques al cuerpo, la cabeza y las patas. Añada un ligero sombreado en las alas y el cuerpo para dar profundidad y volumen al insecto. Defina los estampados de las alas para que destaquen y añada pequeños detalles para resaltar la complejidad de su diseño.

Mantis religiosa

Este insecto se caracteriza por su cabeza triangular, sus ojos saltones y sus extremidades delanteras alargadas que parecen estar en posición para orar.

1   Empiece esbozando dos círculos pequeños para los ojos y un triángulo para la cabeza.

2   Dibuje una línea larga y ligeramente curvada como guía para el cuerpo.

3   Para hacer las patas izquierdas, dibuje tres guías largas y angulares.

4   Trace las guías para las antenas. Luego, siguiendo la guía curva, esboce el tórax y un abdomen largo acabado en punta.

5   Con una pluma, dibuje el contorno de la cabeza, los ojos y las antenas.

84

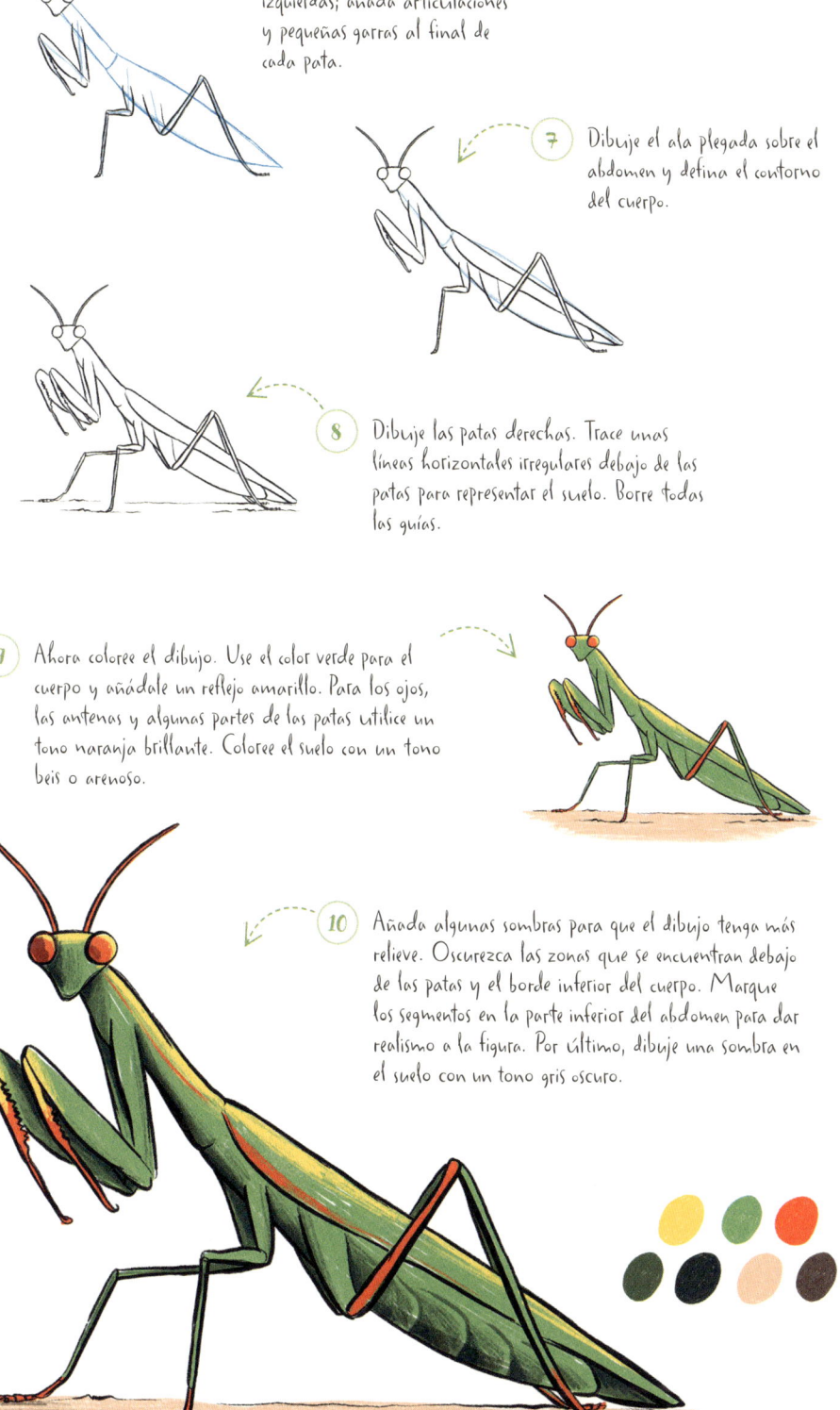

6 Ahora dibuje las tres patas izquierdas; añada articulaciones y pequeñas garras al final de cada pata.

7 Dibuje el ala plegada sobre el abdomen y defina el contorno del cuerpo.

8 Dibuje las patas derechas. Trace unas líneas horizontales irregulares debajo de las patas para representar el suelo. Borre todas las guías.

9 Ahora coloree el dibujo. Use el color verde para el cuerpo y añádale un reflejo amarillo. Para los ojos, las antenas y algunas partes de las patas utilice un tono naranja brillante. Coloree el suelo con un tono beis o arenoso.

10 Añada algunas sombras para que el dibujo tenga más relieve. Oscurezca las zonas que se encuentran debajo de las patas y el borde inferior del cuerpo. Marque los segmentos en la parte inferior del abdomen para dar realismo a la figura. Por último, dibuje una sombra en el suelo con un tono gris oscuro.

Insectos
Luciérnaga

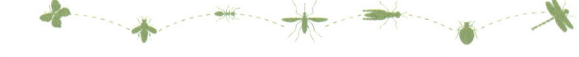

En realidad, las luciérnagas son un tipo de escarabajo. Su característica distintiva es el punto luminoso de la cola que emite un resplandor verdoso por la noche.

1 Trace una guía larga y curva para la brizna de hierba sobre la que descansará la luciérnaga.

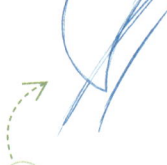

2 Esboce un pequeño círculo para la cabeza y un óvalo largo y curvado para el cuerpo, que cubrirá ligeramente la brizna de hierba.

3 Añada las guías para las tres patas cortas derechas y las antenas.

4 Trace algunos segmentos espaciados uniformemente a lo largo del cuerpo de la luciérnaga.

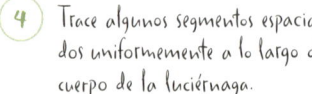

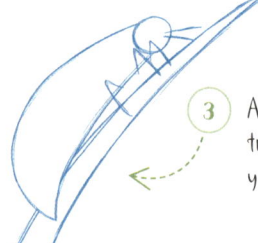

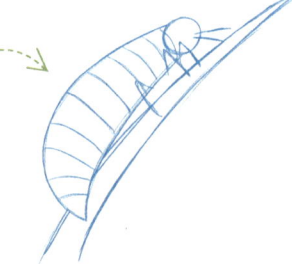

5 Con una pluma, dibuje el contorno de la cabeza, las antenas y las patas.

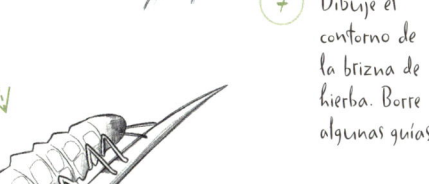

6 Ahora, dibuje el contorno del cuerpo; defina los segmentos con líneas irregulares.

7 Dibuje el contorno de la brizna de hierba. Borre algunas guías.

8 A continuación, defina los detalles de cada segmento y añada sombras en el cuerpo, en la cabeza y en la brizna de hierba.

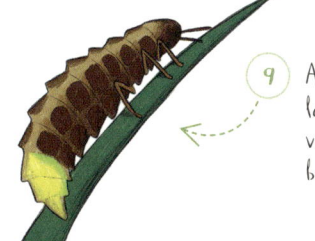

9 Ahora coloree el dibujo. Use tonos marrones para la parte principal del cuerpo y amarillo verdoso o verde neón para la zona que emite luz. Pinte la brizna de hierba de color verde oscuro.

10 Añada unas ligeras sombras entre los segmentos del cuerpo y a lo largo de las patas. Aumente el contraste haciendo que la parte que emite luz sea más brillante y manteniendo las zonas que hay alrededor más oscuras. Añada sombras a la brizna de hierba para darle más relieve.

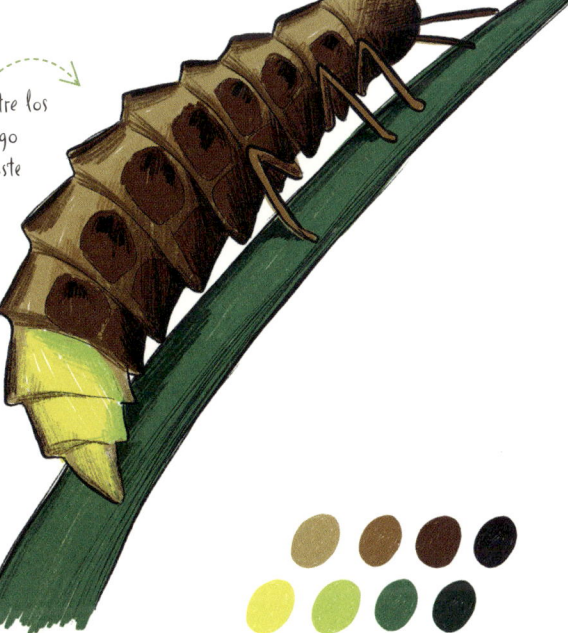

Chinche arlequín

Este insecto destaca por las singulares manchas negras y naranjas que tiene en el dorso. Hágalas ligeramente asimétricas para que parezcan más reales.

1 Empiece esbozando un óvalo para la forma básica del cuerpo.

2 Trace dos formas redondeadas en la parte superior como guías para la cabeza y el tórax.

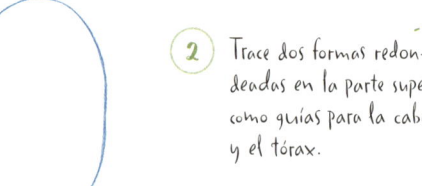

3 Añada las guías para las patas y las antenas.

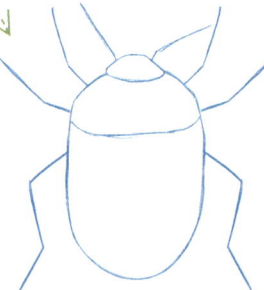

4 Con una pluma, dibuje el contorno de la cabeza.

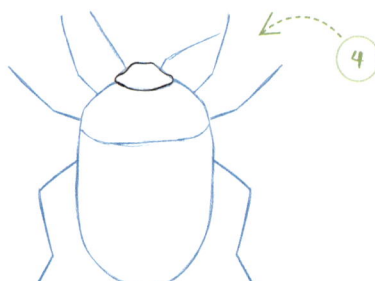

5 Ahora dibuje el contorno del tórax.

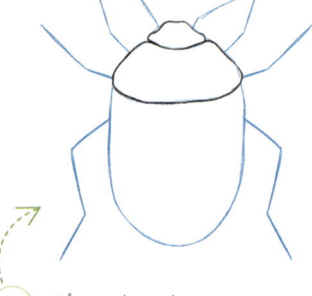

88

6 A continuación, dibuje la forma del caparazón del abdomen.

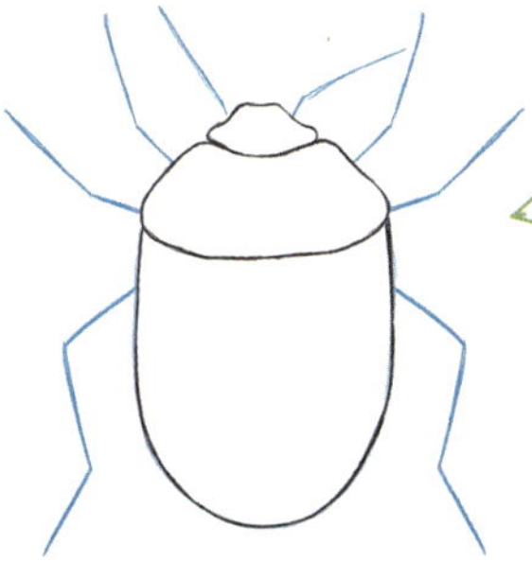

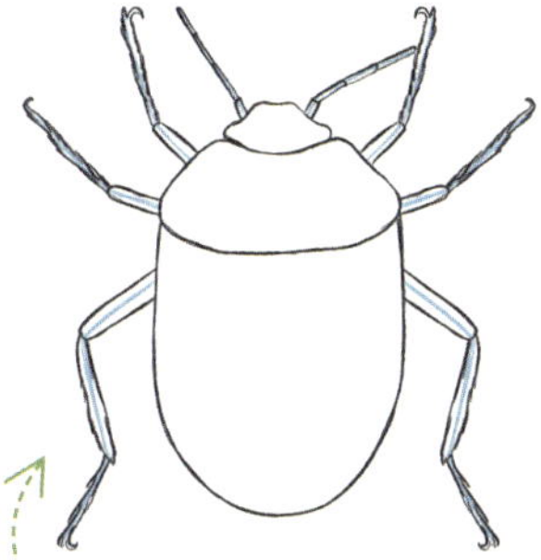

7 Dibuje las patas articuladas y las antenas, y añada segmentos y pequeñas garras en el extremo de cada pata.

8 Dibuje los estampados en el cuerpo del insecto y añada sombras en las patas y las antenas. Borre todas las guías.

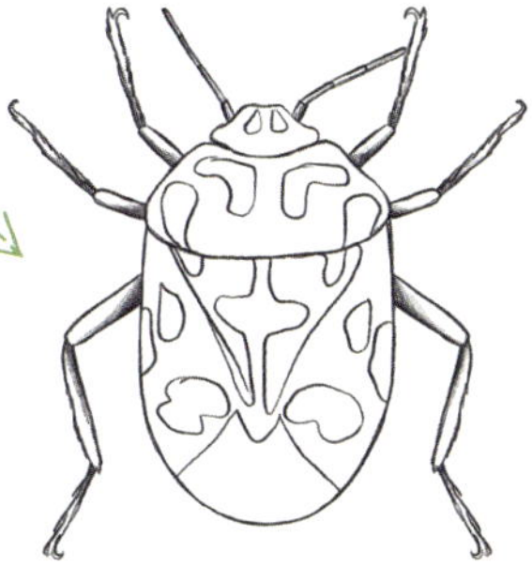

9 Ahora coloree el dibujo. Para el cuerpo, use un color rojo anaranjado intenso. Pinte las zonas que van en negro y deje dos puntos blancos en la cabeza y dos más cerca del tórax. Use negro con unos ligeros reflejos para las patas y las antenas. Añada algunos trazos cortos con un lápiz marrón a lo largo de las patas para que parezcan peludas.

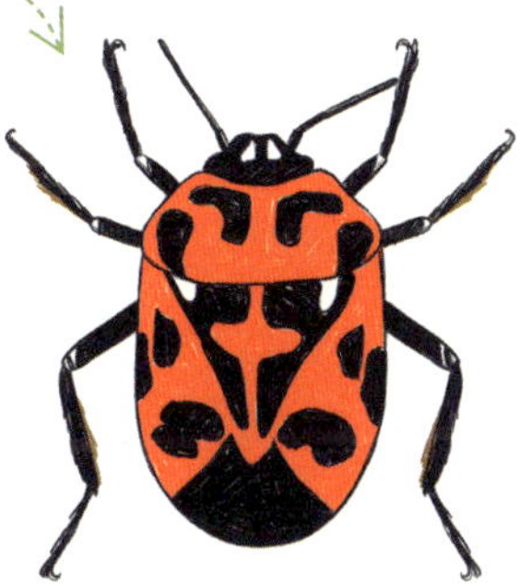

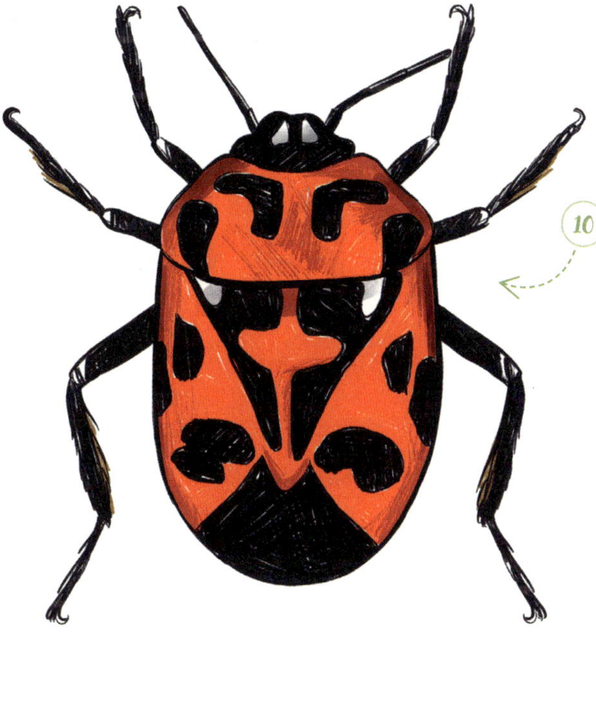

10 Añada sombras en general para dar relieve a la figura. Para obtener profundidad, añada un rojo más oscuro y resalte el negro en algunas partes. Use una pluma de punta fina y tinta negra para perfilar el dibujo y darle definición.

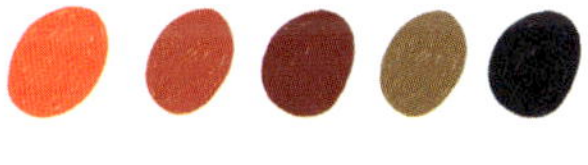

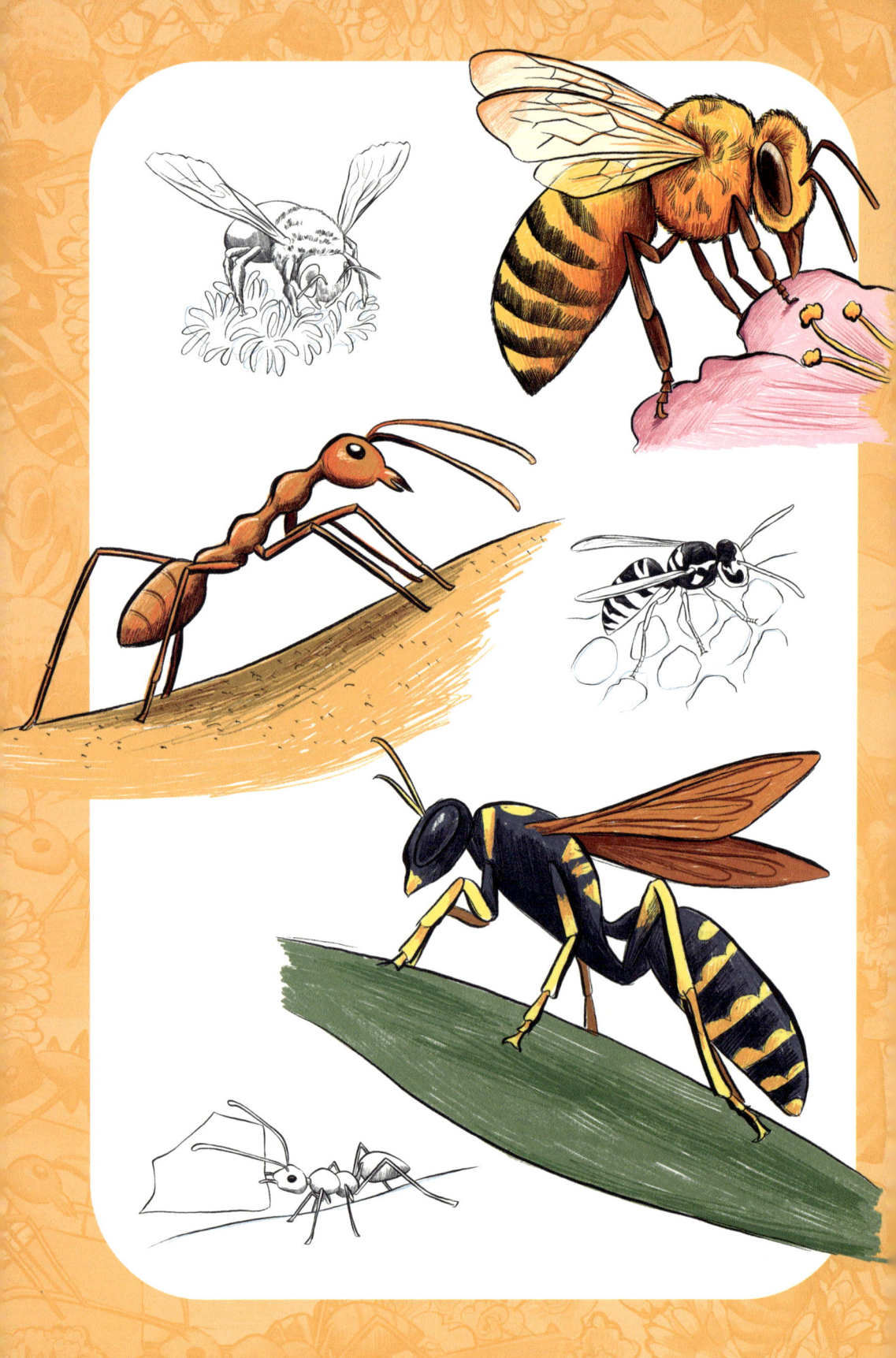

Avispas, abejas y hormigas

Abejorro carpintero

Los abejorros carpinteros tienen el tórax y las patas muy peludos, así que haga muchos trazos cortos para imitar esta textura y conseguir un aspecto realista.

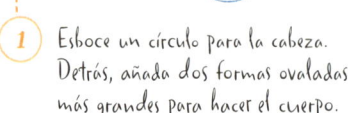

1 Esboce un círculo para la cabeza. Detrás, añada dos formas ovaladas más grandes para hacer el cuerpo.

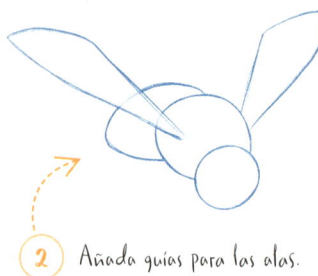

2 Añada guías para las alas.

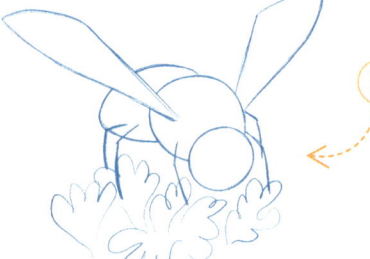

3 Trace guías para cinco patas; la sexta pata no será visible. Esboce unas guías para las flores sobre las que descansa el abejorro.

4 Con una pluma, dibuje los ojos grandes y redondos y dos antenas finas y curvadas. Añada las mandíbulas en la parte inferior.

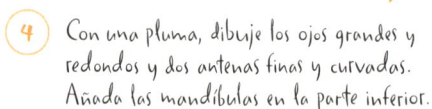

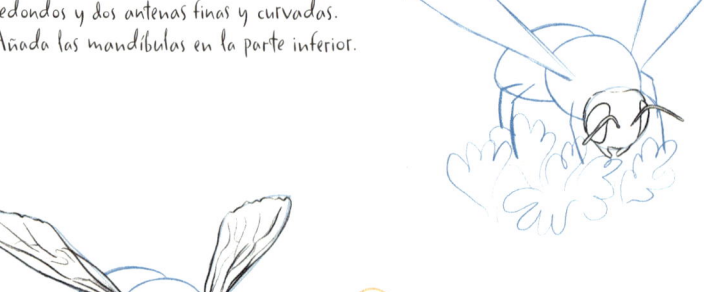

5 Dibuje el contorno de las alas con una serie de trazos ondulados y añada algunas líneas finas para las venas.

92

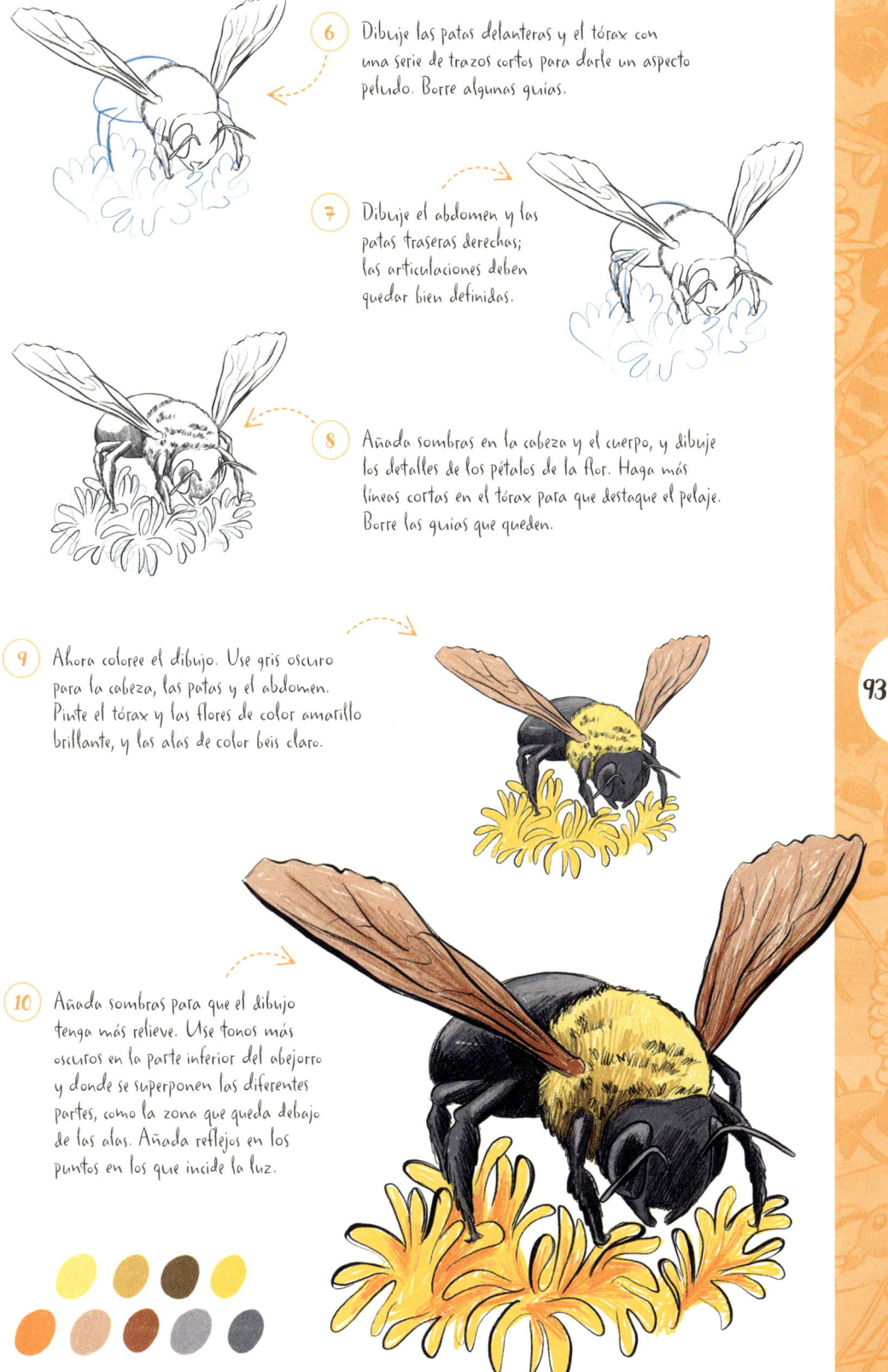

6 Dibuje las patas delanteras y el tórax con una serie de trazos cortos para darle un aspecto peludo. Borre algunas guías.

7 Dibuje el abdomen y las patas traseras derechas; las articulaciones deben quedar bien definidas.

8 Añada sombras en la cabeza y el cuerpo, y dibuje los detalles de los pétalos de la flor. Haga más líneas cortas en el tórax para que destaque el pelaje. Borre las guías que queden.

9 Ahora coloree el dibujo. Use gris oscuro para la cabeza, las patas y el abdomen. Pinte el tórax y las flores de color amarillo brillante, y las alas de color beis claro.

10 Añada sombras para que el dibujo tenga más relieve. Use tonos más oscuros en la parte inferior del abejorro y donde se superponen las diferentes partes, como la zona que queda debajo de las alas. Añada reflejos en los puntos en los que incide la luz.

Abeja melífera

Las sombras de color naranja y marrón en la parte inferior de la abeja le dan a este dibujo una atractiva profundidad. Observe cómo la parte superior del tórax, visible a través del ala, es mucho más tenue.

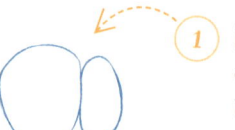

1 Para empezar, esboce una forma guía casi circular para el tórax y, a la derecha, un óvalo pequeño y estrecho para la cabeza de la abeja.

2 Trace dos círculos como guía para el abdomen tal como ve aquí. Únalos mediante una línea curvada que los envuelva con un extremo en punta.

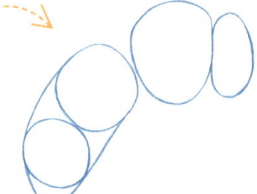

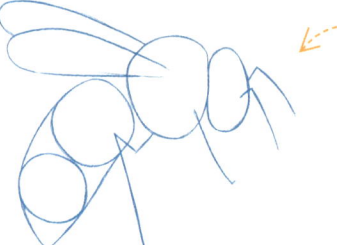

3 Esboce dos guías largas para las alas. A continuación, dibuje dos patas y las antenas.

4 Con una pluma o un lápiz, dibuje las antenas y el ojo compuesto.

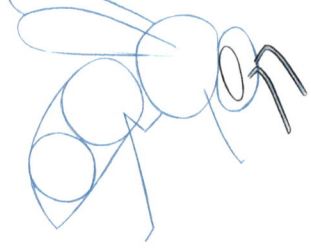

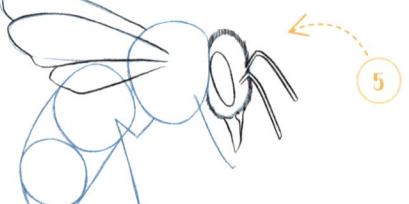

5 Añada trazos rápidos y cortos alrededor de la cabeza para que parezca peluda. Dibuje las mandíbulas y la forma de las alas.

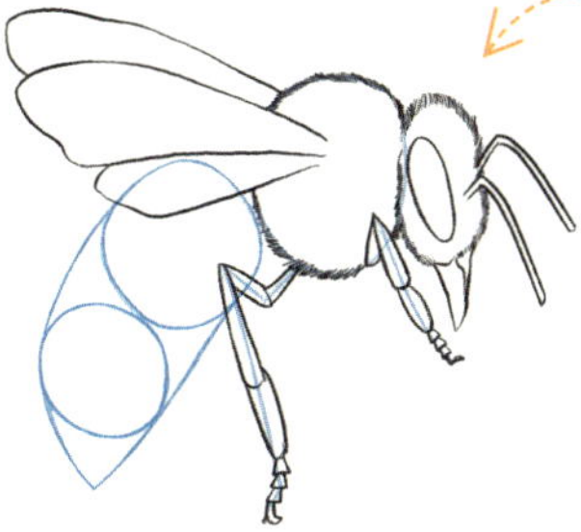

6 Use trazos cortos para simular que el tórax es peludo. A continuación, dibuje las patas articuladas y sus pequeñas garras. Borre algunas guías.

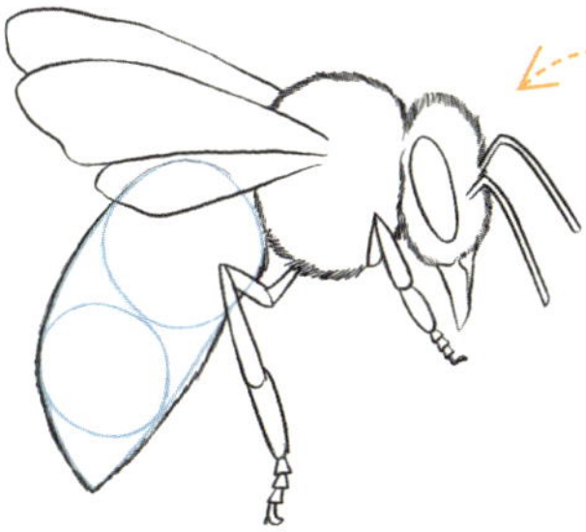

7 Dibuje el contorno del abdomen, que debe terminar en punta para situar el aguijón.

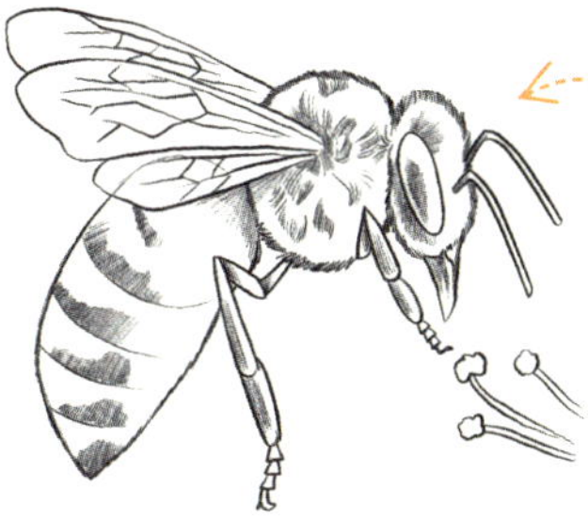

8 Borre todas las líneas que queden. Añada sombras a la figura, en general, y unas líneas para las venas de las alas. Dibuje unos pistilos de flor en la parte inferior.

9 Ahora coloree la abeja de amarillo y luego añada tonos marrones. Dibuje líneas onduladas junto a las garras para hacer los pétalos en los que descansa el insecto.

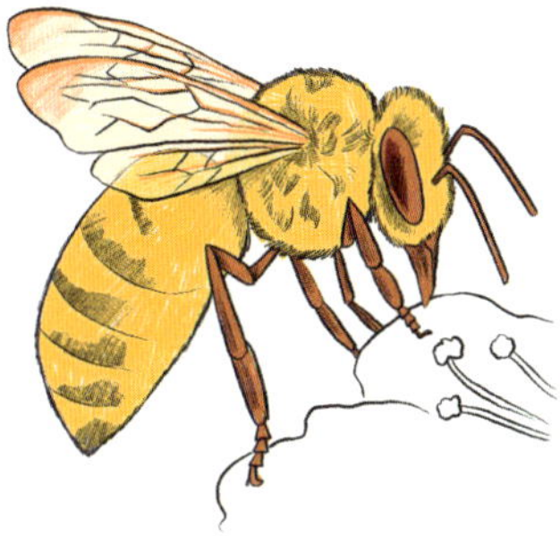

10 Añada sombras de tonos marrones y naranjas más oscuros, y pinte la flor de rosa claro. Por último, repase algunos de los contornos con una pluma gruesa de tinta oscura.

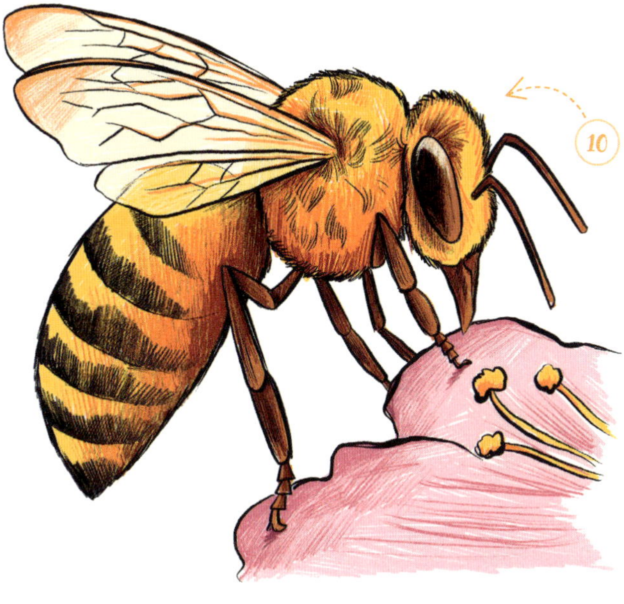

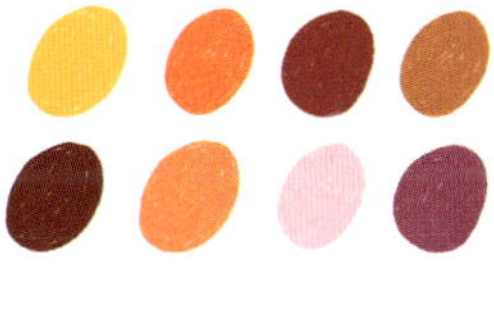

Avispa papelera

Las avispas papeleras suelen ser amarillas y negras con alas de color marrón rojizo. Procure captar correctamente la forma del insecto desde el principio y obtendrá un resultado inmejorable.

1 Esboce un pequeño óvalo para hacer la cabeza y luego añada el pico. Trace una forma guía para el tórax de modo que el extremo acabe en punta.

2 Debajo del tórax, dibuje una segunda forma alargada y cónica para el abdomen, con una línea corta que lo una al tórax.

3 Añada guías para las patas. Trace una línea guía curva debajo de la avispa para dibujar una hoja.

4 Desde el tórax, trace dos formas alargadas como guías para las alas. Añada dos antenas cortas.

5 Con una pluma, dibuje la cabeza y añada una forma ovalada en su interior. Defina las dos antenas.

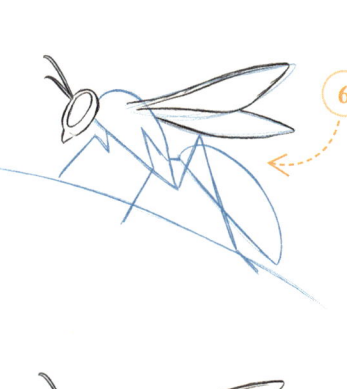

6 Borre las guías de la cabeza y dibuje las alas.

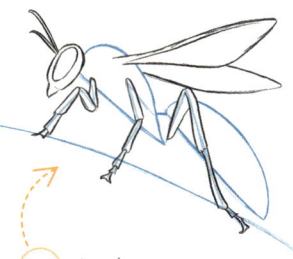

7 Use las guías para dibujar las tres patas segmentadas del lado izquierdo.

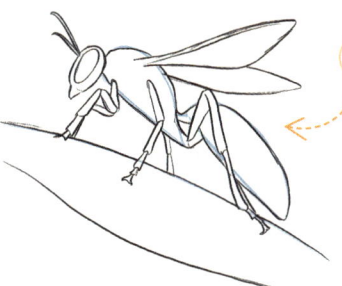

8 Dibuje el contorno del cuerpo y la hoja, y luego añada las tres patas del lado derecho. Borre las guías que queden.

9 Ahora coloree el dibujo. Pinte la cabeza y el cuerpo de gris oscuro y añada en este franjas amarillas desiguales. Use marrón para las alas y un verde suave para la hoja.

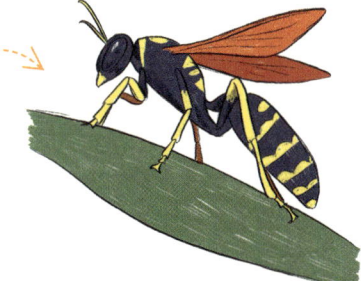

10 Añada líneas finas a las alas para representar las venas. Oscurezca el cuerpo con un sombreado tenue en la parte inferior, así como en las patas y las alas para dar a la avispa un aspecto tridimensional y realista.

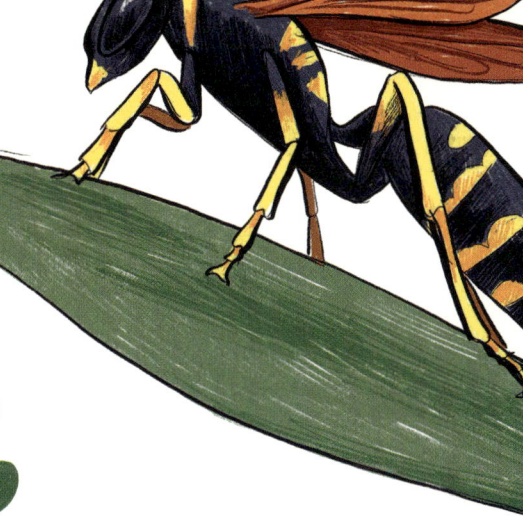

Avispa chaqueta amarilla

Esta avispa es conocida por sus características franjas amarillas y negras.
Sombree el dibujo cuidadosamente para darle un aspecto real.

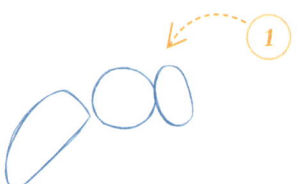

1 Esboce un pequeño óvalo para la cabeza. Añada un círculo a la izquierda como guía para el tórax y una forma alargada para el abdomen.

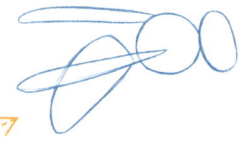

2 Trace las guías para las alas de la avispa.

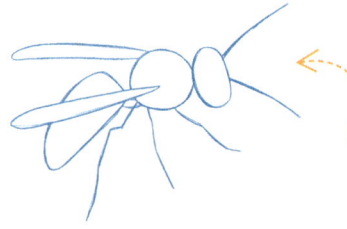

3 Añada guías para las antenas y las tres patas visibles.

4 Trace unas guías para dar textura a la superficie sobre la que descansa la avispa.

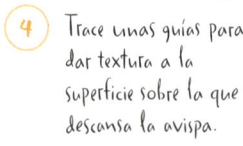

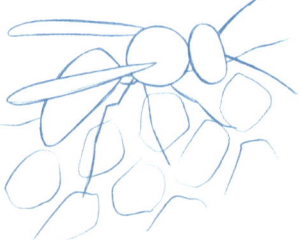

5 Con una pluma, dibuje la cabeza, un ojo ovalado en su interior y las antenas.

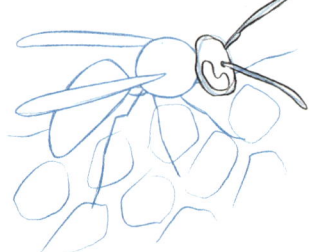

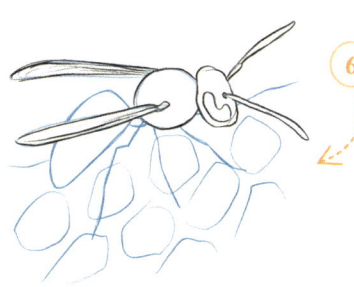

6 Dibuje el contorno del tórax y de las alas. Añada en ellas unas líneas tenues en forma de venas.

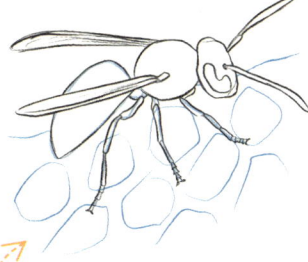

7 Dibuje las tres patas articuladas y el contorno del abdomen. Borre algunas guías.

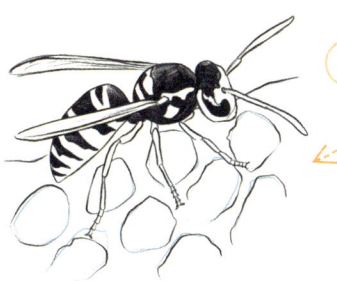

8 Pinte franjas negras e irregulares en el cuerpo de la avispa. Defina los detalles del suelo y borre cualquier guía que haya quedado.

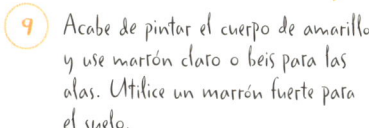

9 Acabe de pintar el cuerpo de amarillo y use marrón claro o beis para las alas. Utilice un marrón fuerte para el suelo.

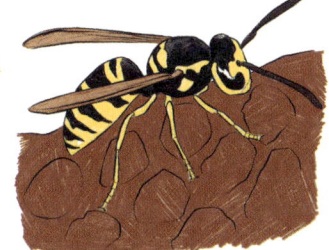

10 Para crear profundidad, añada sombras debajo del tórax y el abdomen. Use un amarillo más oscuro en la base de las secciones de dicho color. Añada tonos más oscuros en las alas y en la superficie donde descansa la avispa para conseguir un efecto tridimensional.

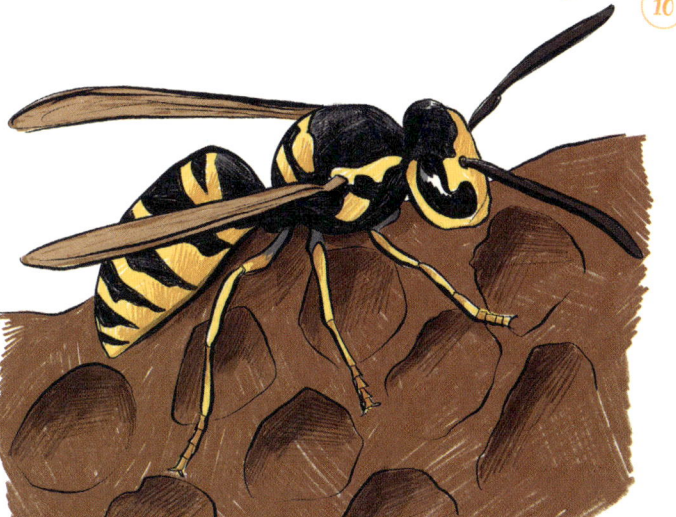

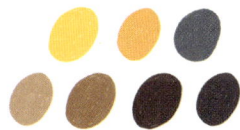

Hormiga negra de jardín

Este insecto es ideal para practicar el dibujo de formas ovaladas y la aplicación de sombras de diferentes intensidades que den profundidad a la figura.

1 Esboce un círculo como guía para la cabeza. Luego, añada un pequeño arco en forma de U.

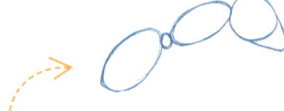

2 A la izquierda de la cabeza, trace un óvalo como guía para el tórax y un círculo pequeño. A continuación, haga otro óvalo, ligeramente más grande, como guía para el abdomen.

3 Dibuje guías dispuestas en ángulo para las patas derechas de la hormiga.

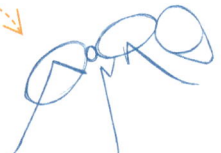

4 Ahora, esboce las guías para las patas izquierdas, asegurándose de que solo se vea la curva superior. Añada las antenas.

5 Con una pluma o un lápiz, dibuje el ojo de la hormiga y defina el contorno de la cabeza.

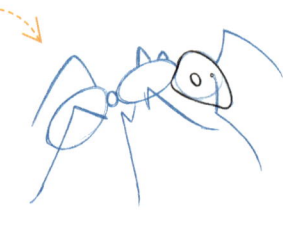

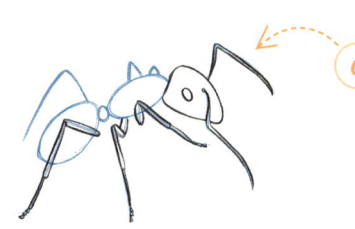

6 Dibuje las antenas y las patas segmentadas y añada pequeñas formas triangulares en las puntas. Borre algunas guías.

7 Ahora, dibuje los contornos del tórax y el abdomen; fíjese en que las patas quedan por encima.

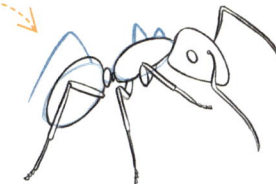

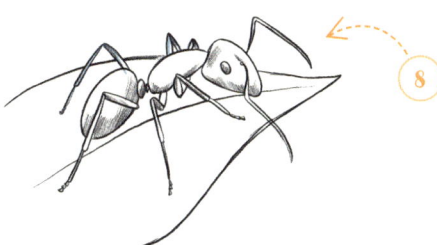

8 Borre las guías restantes y dibuje las patas izquierdas. Añada sombras al cuerpo y dibuje una hoja debajo de la hormiga.

9 Ahora coloree el dibujo. Use gris oscuro y negro para toda la figura y deje un reflejo blanco en los ojos. Utilice un tono medio en toda la hormiga y, a continuación, añada un tono más oscuro en la parte inferior para crear sombra y dar dimensión y volumen. Emplee valores más claros en la parte superior para representar el brillo del cuerpo.

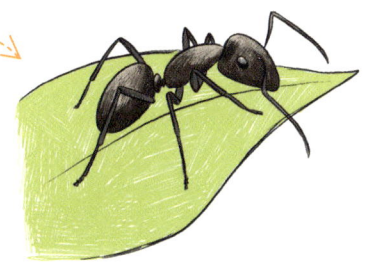

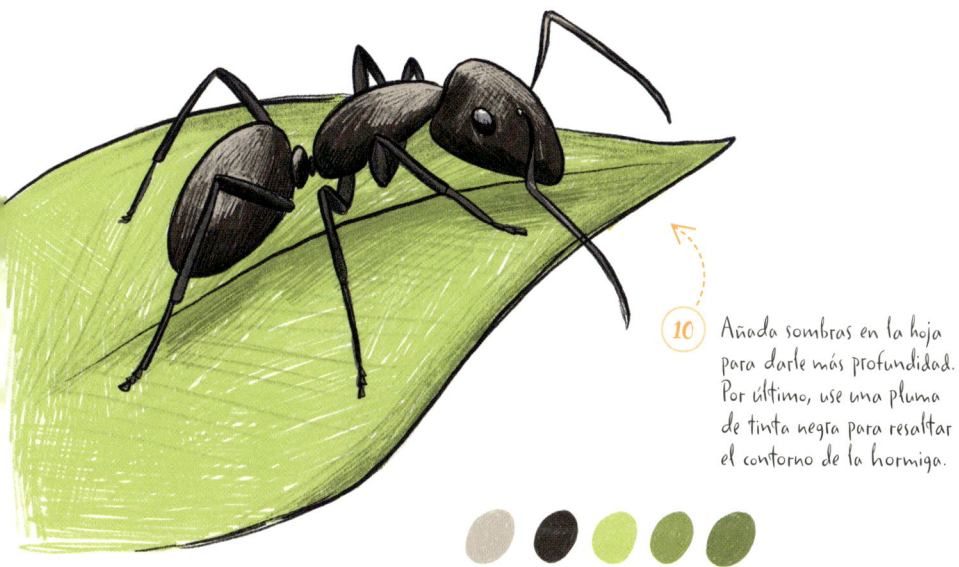

10 Añada sombras en la hoja para darle más profundidad. Por último, use una pluma de tinta negra para resaltar el contorno de la hormiga.

Hormiga cortadora de hojas

Esta hormiga, de formas sencillas, tiene unas mandíbulas muy afiladas
que le permiten cortar trozos de hoja para llevarlos a su nido.

1 Esboce dos círculos pequeños, muy cerca uno del otro, y únalos con una diminuta línea recta.

2 A la derecha, añada un semicírculo para completar el tórax. Luego, trace una forma cónica para el abdomen, un poco más arriba que el resto del cuerpo.

102

3 Añada tres guías dispuestas en ángulo para las patas y dos antenas largas y curvas.

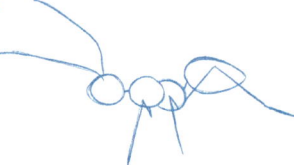

4 Añada la forma de un trozo de hoja y trace una línea debajo del cuerpo.

5 Con una pluma, dibuje el contorno de la cabeza y un pequeño ojo ovalado. Añada las mandíbulas, que sujetan el trozo de hoja. Dibuje las antenas.

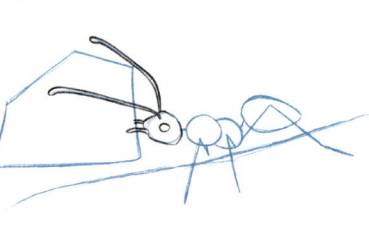

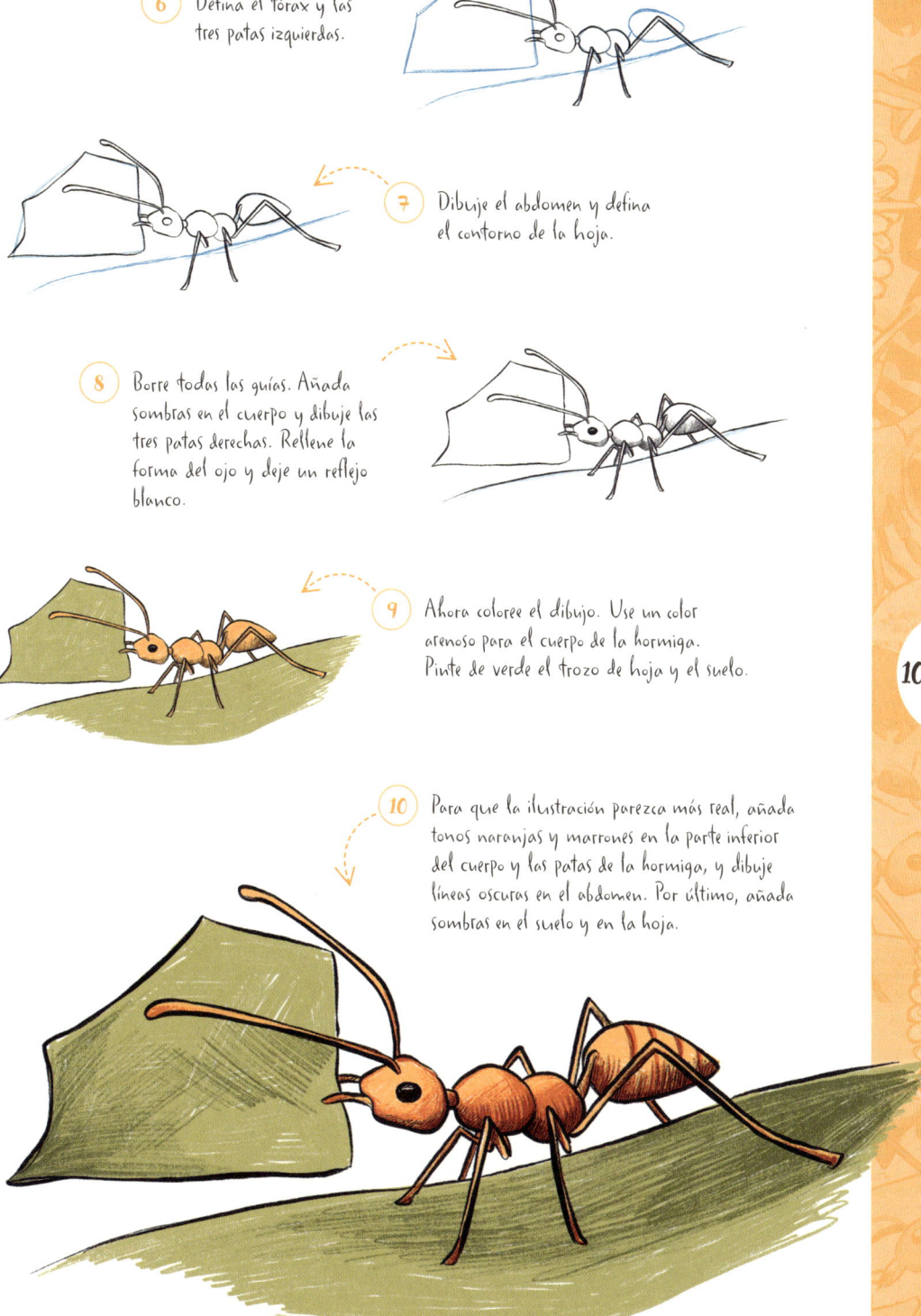

6 Defina el tórax y las tres patas izquierdas.

7 Dibuje el abdomen y defina el contorno de la hoja.

8 Borre todas las guías. Añada sombras en el cuerpo y dibuje las tres patas derechas. Rellene la forma del ojo y deje un reflejo blanco.

9 Ahora coloree el dibujo. Use un color arenoso para el cuerpo de la hormiga. Pinte de verde el trozo de hoja y el suelo.

10 Para que la ilustración parezca más real, añada tonos naranjas y marrones en la parte inferior del cuerpo y las patas de la hormiga, y dibuje líneas oscuras en el abdomen. Por último, añada sombras en el suelo y en la hoja.

103

Hormiga de fuego del sur

La forma ondulada que presenta el cuerpo de esta hormiga
se crea fácilmente uniendo las formas iniciales.

1 Empiece esbozando tres círculos
de diferentes tamaños, tal
como ve aquí.

2 A la izquierda, dibuje un óvalo alargado
para el abdomen con un extremo acabado
en punta. Una todos los círculos con
líneas curvas.

3 Añada guías para las antenas
y una forma similar a un pico
para hacer la boca.

4 A continuación, trace guías oblicuas
para las tres patas derechas de la
hormiga y esboce una línea debajo
de su cuerpo para el suelo.

5 Con una pluma, dibuje una pequeña
forma ovalada para el ojo y deje un
punto blanco para el reflejo. Añada las
mandíbulas y las dos antenas.

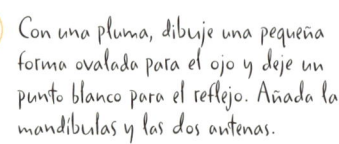

104

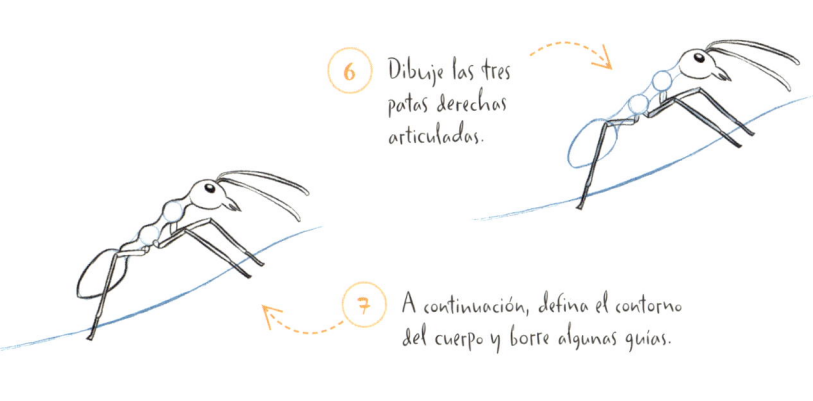

6 Dibuje las tres patas derechas articuladas.

7 A continuación, defina el contorno del cuerpo y borre algunas guías.

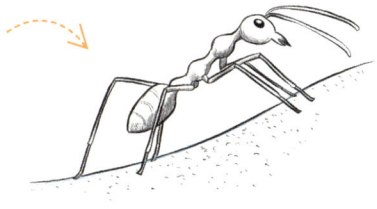

8 Añada sombras en la parte inferior del cuerpo y dibuje las tres patas derechas. A continuación, defina la línea del suelo y, debajo de ella, haga unos puntitos para dar textura al mismo. Borre las guías que queden.

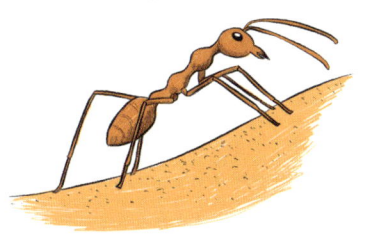

9 Ahora coloree el dibujo. Use un tono naranja cálido para la hormiga y emplee amarillo para la textura arenosa del suelo.

10 En la parte inferior del cuerpo, use algunos tonos más oscuros para darle relieve; añada reflejos en la parte superior. Por último, con una pluma gruesa de tinta negra, resalte el contorno de la ilustración.

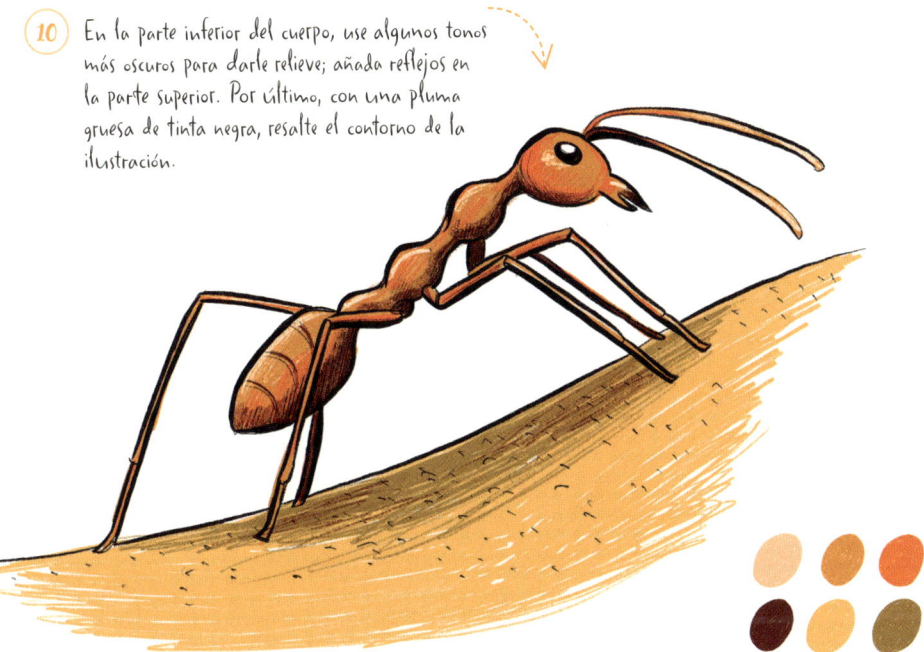

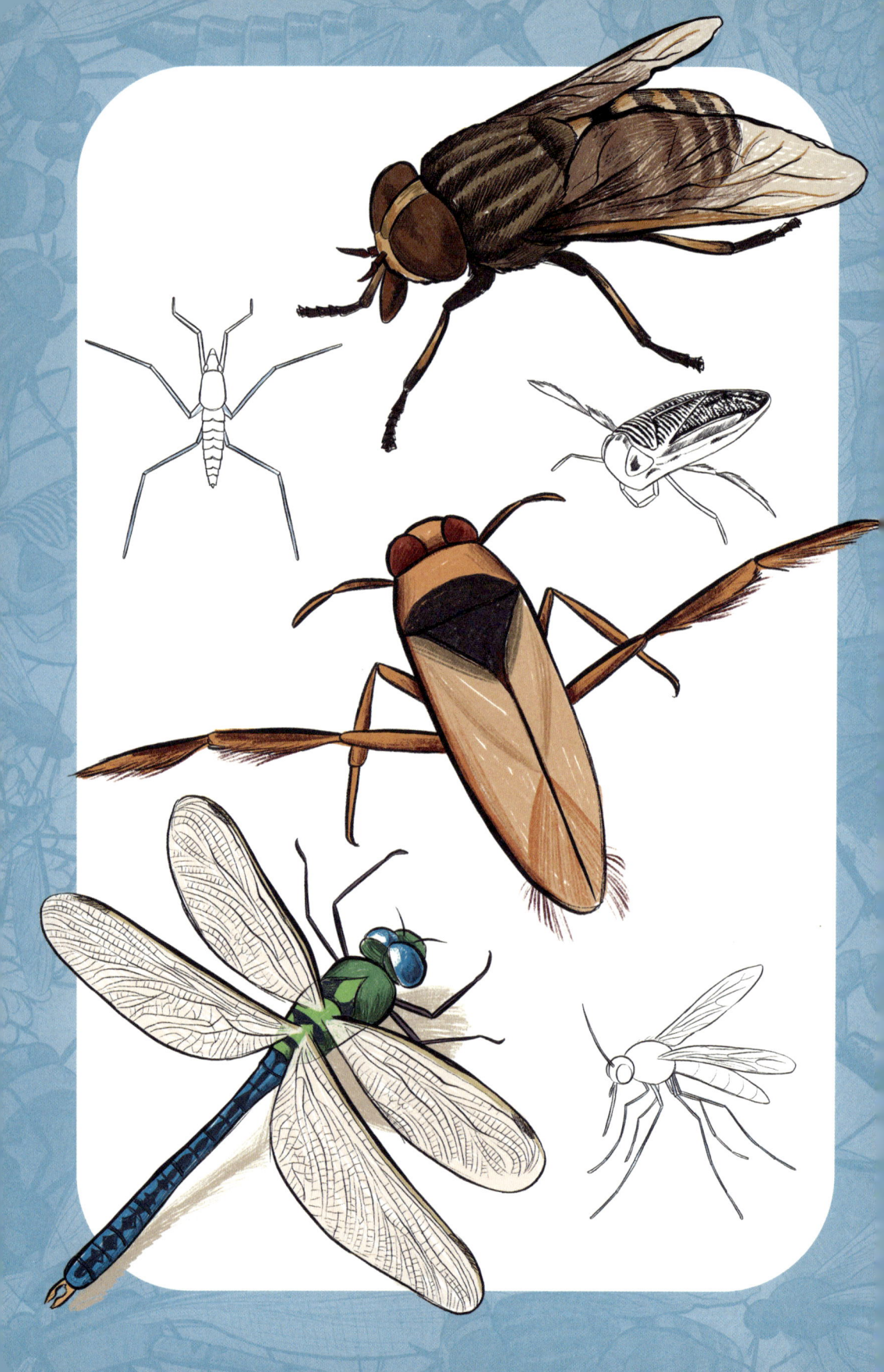

Otros insectos voladores

Otros insectos voladores
Mosquito

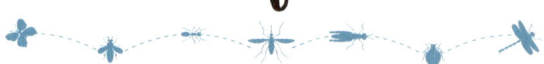

El mosquito se caracteriza principalmente por tener una boca alargada que usa para alimentarse.

1 Empiece esbozando un círculo pequeño para la cabeza y otro más grande y ligeramente ovalado para el tórax.

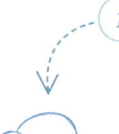

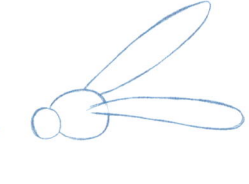

2 Trace unas formas alargadas y estrechas para las alas.

3 Añada una forma ovalada y alargada para el abdomen.

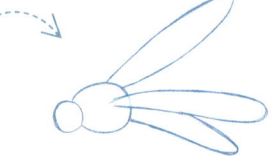

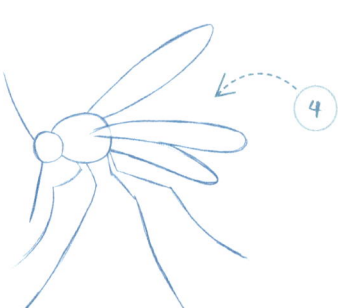

4 Esboce cuatro guías para las patas angulares; deben ser bastante largas en relación con el cuerpo. Añada una guía para la antena y la trompa (o parte alargada de la boca), que apunta hacia abajo.

5 Con una pluma, dibuje la antena y un ojo grande y redondo. Defina la trompa y añádale una línea corta para representar el palpo, el órgano que detecta los olores.

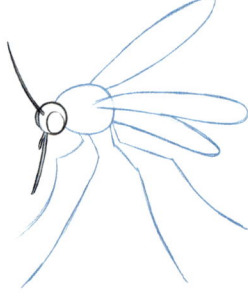

6 A continuación, dibuje las alas translúcidas con líneas muy finas que simulen las venas.

7 Dibuje el contorno del tórax y el abdomen, que está segmentado y debe curvarse ligeramente hacia abajo. Añada pelos en la parte superior del tórax. Borre algunas guías.

8 Dibuje las patas, que se doblan en diferentes direcciones y deben ser muy finas y delicadas. Borre las guías que queden.

9 Ahora coloree el dibujo. Los mosquitos suelen tener el cuerpo de color marrón. Pinte de beis claro las alas y la parte inferior del abdomen. Use amarillo oscuro para las patas y negro para los ojos.

10 Añada sombras para dar relieve al dibujo. Use tonos más oscuros en la parte inferior del mosquito y aún un poco más oscuros en los bordes inferiores de las alas.

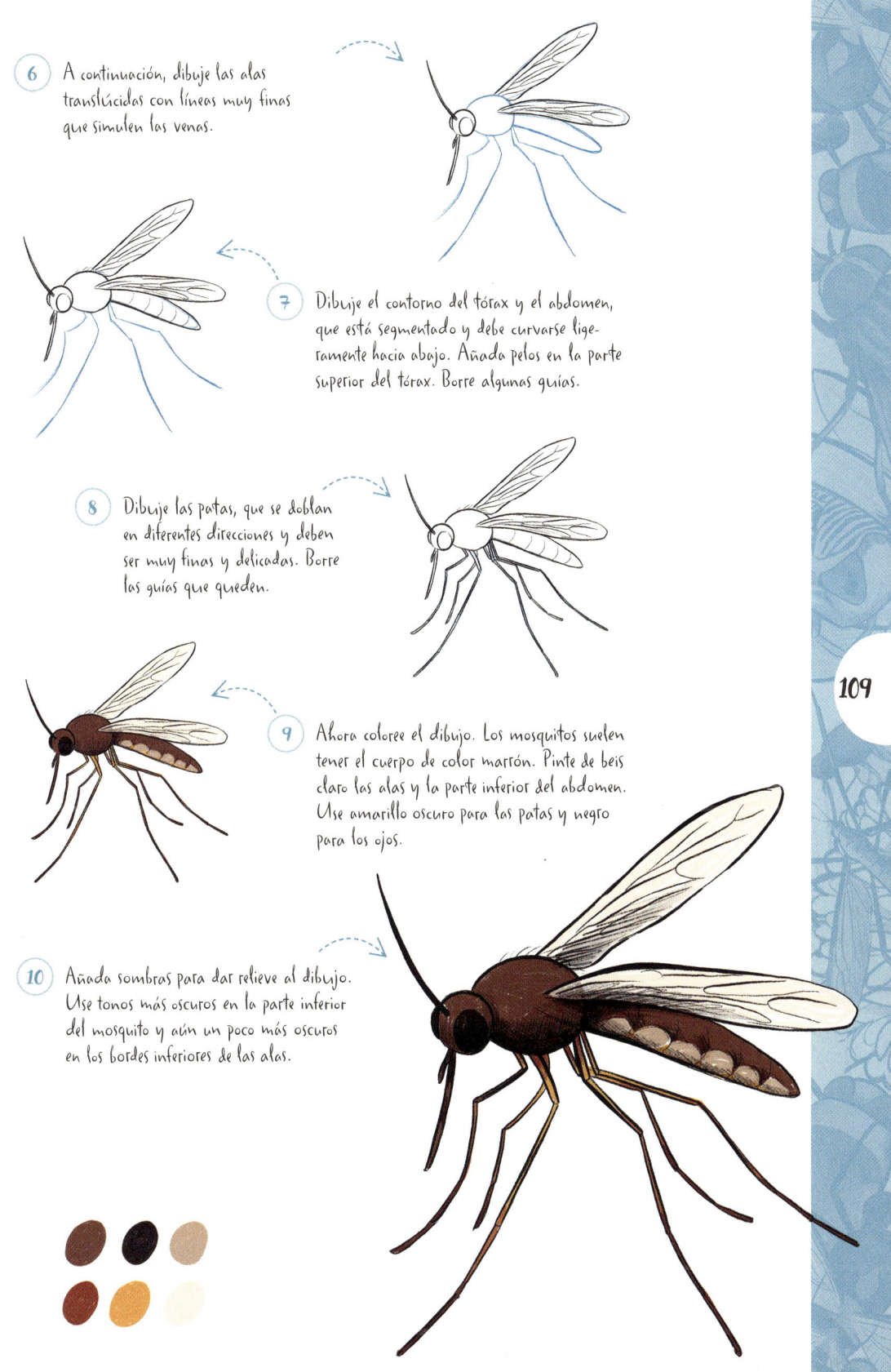

Otros insectos voladores
Libélula emperador

Esta libélula de color azul brillante y verde tiene unos ojos muy grandes.
Para captar el delicado entramado de las alas utilice líneas muy finas.

1 Esboce un pequeño círculo para la cabeza y añada una forma ovalada más grande para el tórax, que se estrecha ligeramente al final.

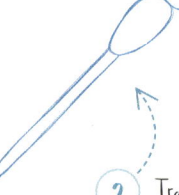

2 Trace una guía larga y fina para el abdomen.

3 Esboce cuatro alas grandes.

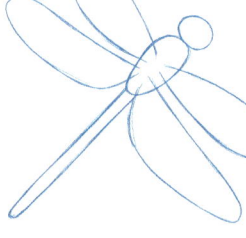

4 Dibuje las guías para las cuatro patas delanteras de la libélula que están dispuestas en ángulo.

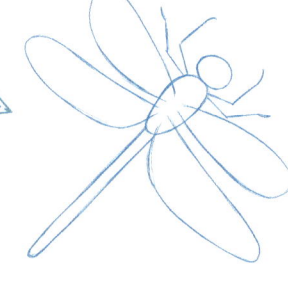

5 Con una pluma, dibuje dos ojos grandes y redondos. Los ojos de la libélula emperador son enormes y a menudo se superponen. Añada detalles sencillos para la boca y dos antenas cortas.

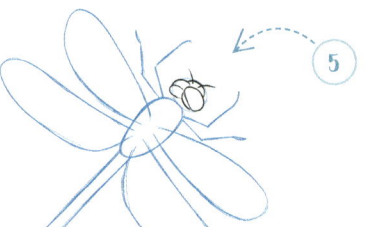

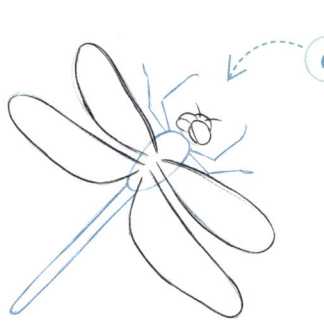

6 Dibuje las cuatro alas; las traseras deben ser un poco más largas que las delanteras.

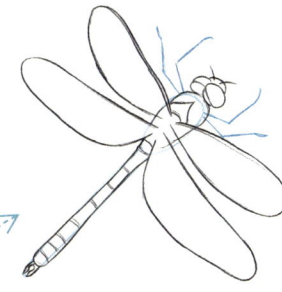

7 Trace algunos detalles en el tórax y dibuje segmentos en el abdomen cilíndrico alargado. Añada las «pinzas» al final del abdomen y borre algunas guías.

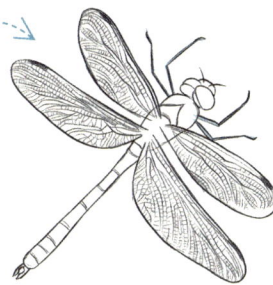

8 Dibuje las patas y añada líneas finas en las alas para crear un delicado diseño en forma de celosía. Las dos patas traseras no son visibles. Borre todas las líneas que queden.

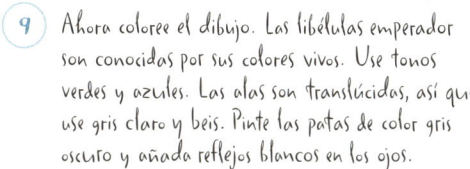

9 Ahora coloree el dibujo. Las libélulas emperador son conocidas por sus colores vivos. Use tonos verdes y azules. Las alas son translúcidas, así que use gris claro y beis. Pinte las patas de color gris oscuro y añada reflejos blancos en los ojos.

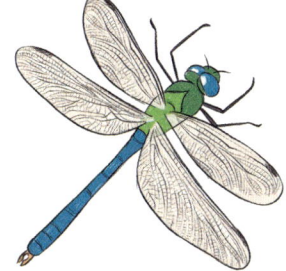

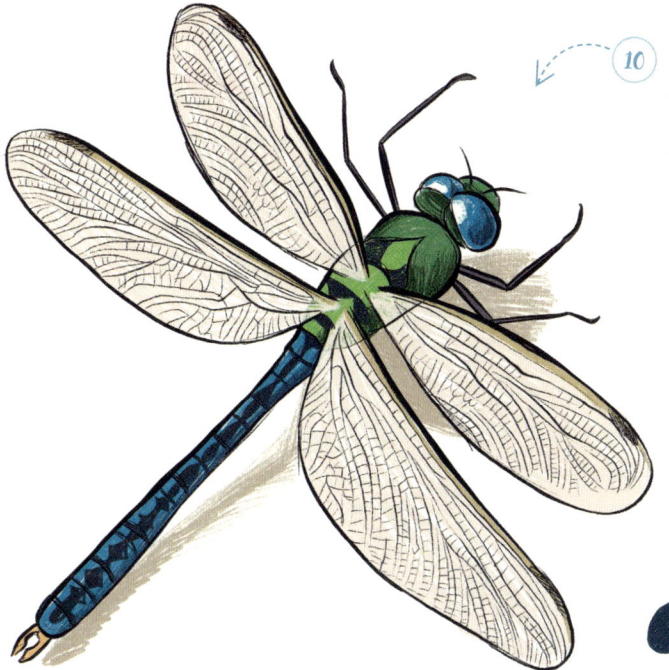

10 Añada pequeños dibujos a lo largo del abdomen y aplique sombras para dar relieve a la figura. Dibuje reflejos de luz en los bordes de las alas, el tórax y el abdomen para originar un efecto brillante. Añada una sombra suave debajo del cuerpo de la libélula para darle profundidad.

Caballito del diablo azul

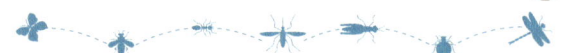

A diferencia del llamativo colorido de su cuerpo, las alas de este insecto son transparentes y están recubiertas por una red de delicadas líneas entrecruzadas.

1 Empiece esbozando un pequeño círculo para la cabeza y un rectángulo para el tórax. Luego, trace una guía para el ala.

2 Añada una forma larga y fina para el abdomen.

3 Trace las guías para las patas debajo del tórax.

4 Esboce las guías para dibujar una flor debajo de las patas del caballito del diablo.

5 Con una pluma, dibuje la cabeza y el tórax. Haga dos círculos para los ojos.

6 Ahora dibuje las alas, que se caracterizan por un delicado diseño de líneas finas entrecruzadas. Borre algunas guías.

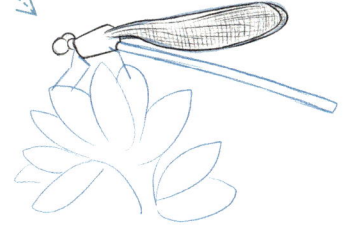

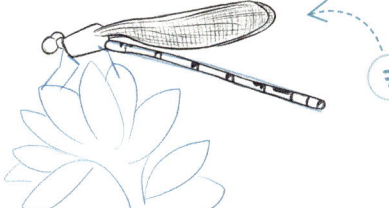

7 Dibuje el abdomen y trace líneas horizontales a lo largo del mismo para representar los segmentos.

8 Dibuje las patas y añada detalles a la flor. Borre las guías que queden.

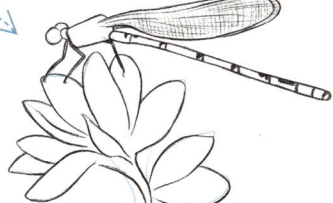

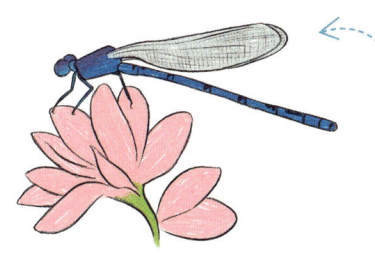

9 Ahora coloree el dibujo. Use dos tonos diferentes de azul para crear un efecto metálico en el cuerpo y un gris pálido para las alas. Para la flor, use tonos rosados y verdes.

10 Añada un ligero sombreado a lo largo de la parte inferior del abdomen para darle profundidad. Use tonos rosas oscuros para sombrear la flor. Por último, defina todos los contornos del dibujo con una pluma de punta fina y tinta negra.

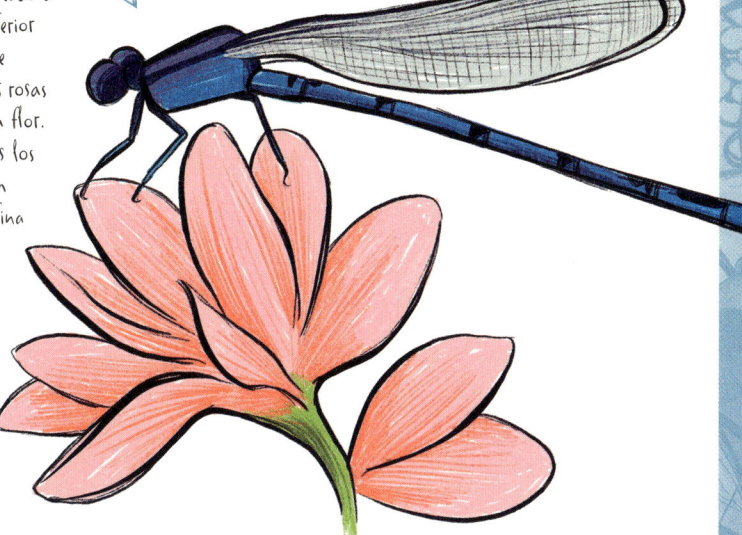

Tábano

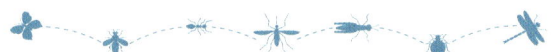

Dibujar este insecto constituye una práctica del sombreado ideal, ya que su paleta de colores, como marrón, gris beis y negro, es muy apagada.

1 Esboce un pequeño óvalo para la cabeza. Añada un óvalo alargado para el abdomen, que se estreche ligeramente al final.

2 Trace unas guías cortas y ligeramente curvadas para las antenas. Debajo, añada una forma de U para la boca.

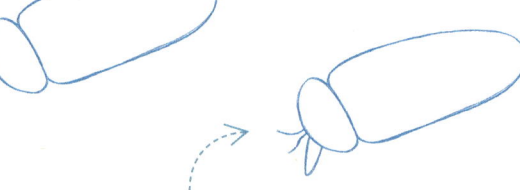

114

3 Haga un semicírculo alargado para el tórax y trace dos formas transparentes con las puntas redondeadas para las alas.

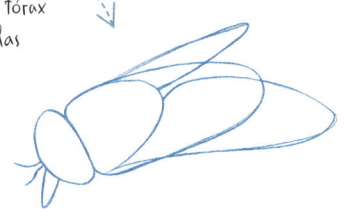

4 Añada tres guías dispuestas en ángulo para las patas. Las tres patas del otro lado no serán visibles. Añada una trompa en ángulo justo encima de la boca.

5 Dibuje el contorno de las alas y esboce ligeramente las venas que las atraviesan.

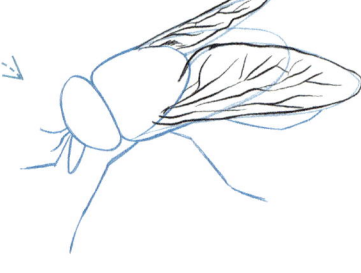

6. Añada una serie de trazos cortos en el dorso para mostrar el pelaje del tábano. Borre algunas guías.

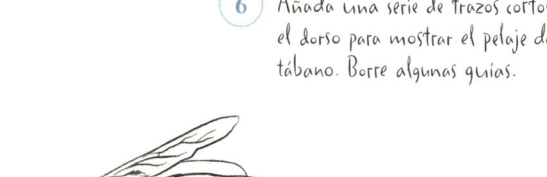

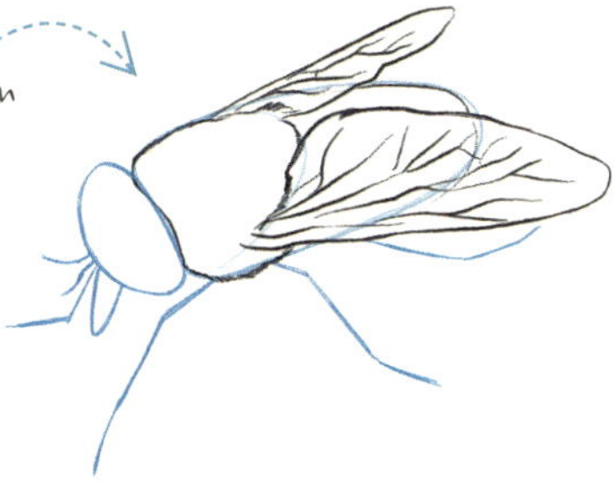

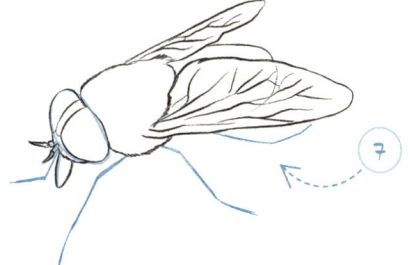

7. Los tábanos tienen unos ojos compuestos enormes que ocupan la mayor parte de la cabeza: dibuje dos formas grandes y redondeadas. Añada detalles a las antenas y la boca.

8. Dibuje las tres patas segmentadas. Añada sombras al cuerpo y dibuje unas bandas negras con trazos cortos. Haga que las sombras que se ven a través del ala sean mucho más claras. Dibuje la trompa segmentada y borre las guías restantes.

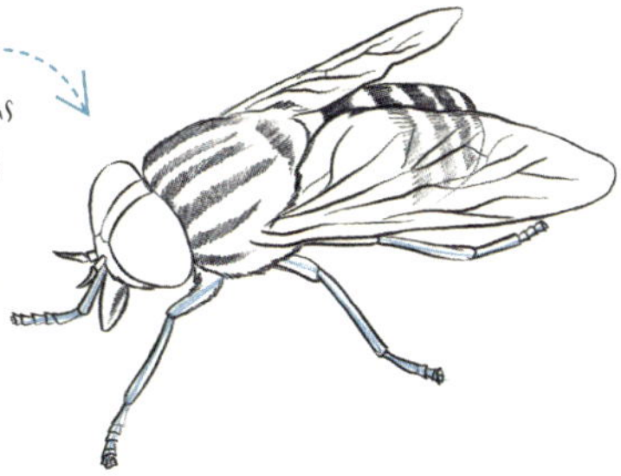

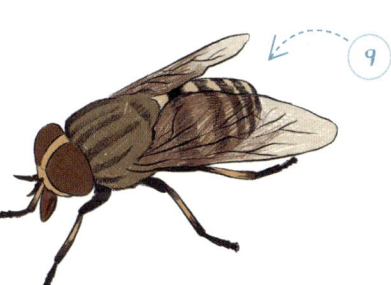

9. Ahora coloree el dibujo. Pinte los ojos de marrón. Sombree el tórax y el abdomen con gris oscuro, marrón o negro. Coloree ligeramente las alas con gris o beis claro. A continuación, sombree las patas y las antenas con negro y marrón claro y añada pequeños detalles.

10. Combine los tonos para que el insecto parezca más real y añada zonas más oscuras para conseguir un efecto tridimensional. Por último, resalte el contorno con una pluma gruesa.

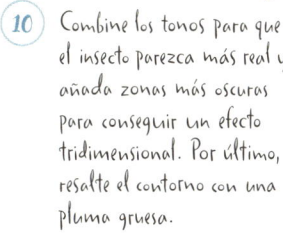

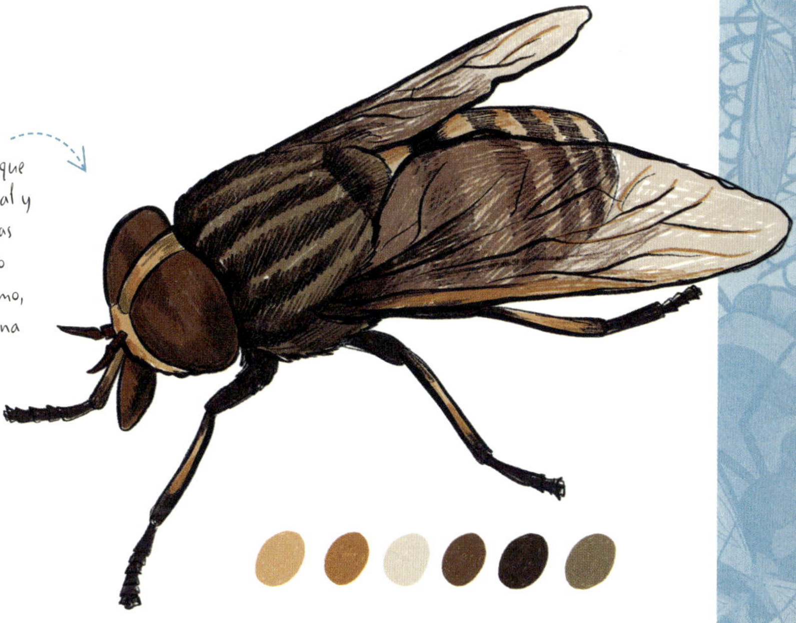

Mosca grúa

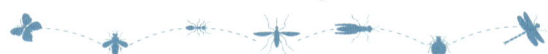

También conocida como típula, la mosca grúa es un insecto frágil debido a
su cuerpo delgado y a sus largas patas. Intente aplicar un sombreado ligero
en el cuerpo y en las delicadas alas transparentes.

1 Esboce un óvalo pequeño
para la cabeza y otro más
grande debajo como guía
para el tórax.

2 Añada un óvalo alargado
para el abdomen, con una
forma triangular en el
extremo.

3 Trace dos óvalos alargados
como guías para las alas.

116

4 Esboce las guías para las seis patas,
largas, delgadas y segmentadas, de la
mosca grúa. Añada las guías para la
parte frontal de la cabeza y las antenas.

5 Con una pluma o un lápiz,
dibuje el contorno de las alas.

6 Dibuje la forma del cuerpo y borre las guías de las alas.

7 En la cabeza, dibuje dos ojos pequeños y redondos. Añada las antenas.

8 Dibuje las patas segmentadas, extendiéndolas desde el tórax. Borre las guías que queden.

9 Use una pluma de punta fina o un lápiz negro para dibujar la delicada estructura de la mosca grúa. A continuación, pinte el cuerpo de marrón claro o gris y añada un poco de sombra. Aplique un ligero sombreado gris a las alas y añada unas líneas tenues para simular las venas. Coloree las patas y las antenas de color marrón oscuro o negro.

10 Difumine el sombreado para conseguir un aspecto suave y natural y añada una sombra en un lado del cuerpo. Por último, repase las líneas con tinta negra para definirlas.

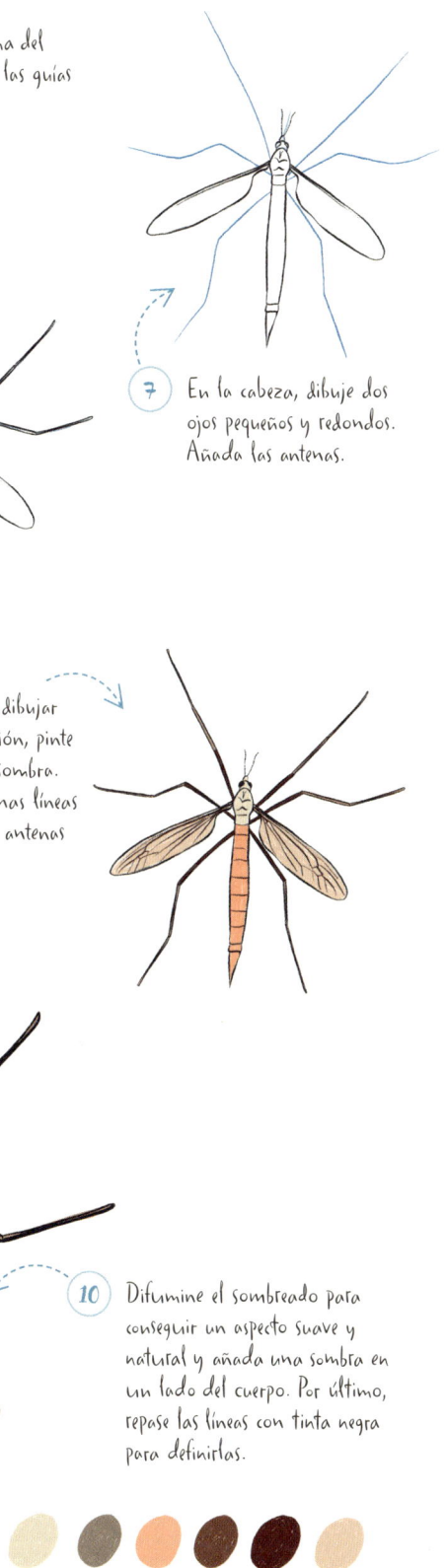

Otros insectos voladores
Mosca escorpión

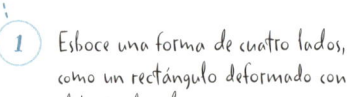

La mosca escorpión, como su nombre sugiere, tiene una «cola» curvada que parece un aguijón. Fíjese en la profundidad del tórax en comparación con el abdomen.

1 Esboce una forma de cuatro lados, como un rectángulo deformado con el borde derecho curvo.

2 Trace un círculo pequeño para la cabeza y añada la característica trompa curvada hacia abajo de este insecto.

3 Añada guías para las antenas y las tres patas derechas. A continuación, haga una forma de C como guía para la cola.

4 Esboce guías para las alas grandes y trace una línea curva junto a las patas para dibujar la hoja sobre la que descansa la mosca.

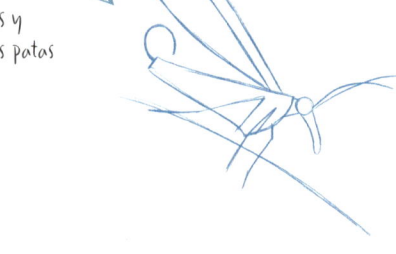

5 Con una pluma, dibuje el contorno de la cabeza y la trompa. Añada un óvalo grande para el ojo. Defina las antenas curvadas.

118

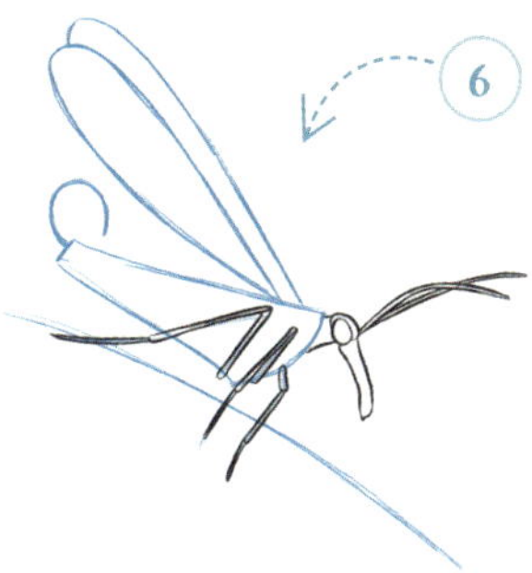

6 Dibuje las tres patas articuladas de la derecha, con formas delgadas y ligeramente curvadas en los extremos. Borre las guías de la cabeza y las antenas.

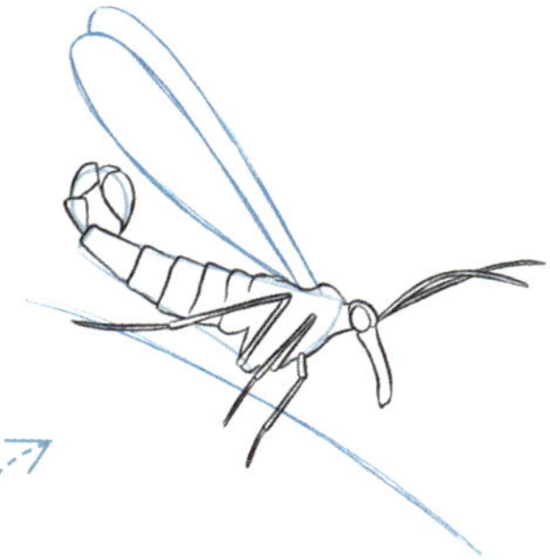

7 Dibuje el contorno del insecto; haga el tórax más elevado en comparación con el resto del cuerpo y marque los segmentos del abdomen. A continuación, trace la estructura bulbosa de la punta para que se parezca a la cola de un escorpión.

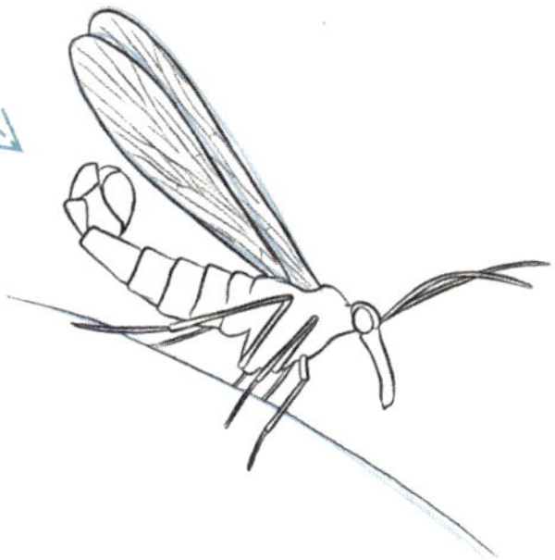

8 Ahora, dibuje las alas largas y transparentes con líneas tenues a modo de venas. Añada líneas cortas para las tres patas izquierdas. Dibuje una línea para la hoja y borre las guías restantes.

9 Ahora coloree el dibujo. Use un marrón amarillento para el cuerpo y un marrón más brillante para la cola. Haga las alas pálidas y las venas más oscuras. Algunas especies tienen puntos más oscuros en las alas, así que añada esos detalles. Coloree la hoja de color verde.

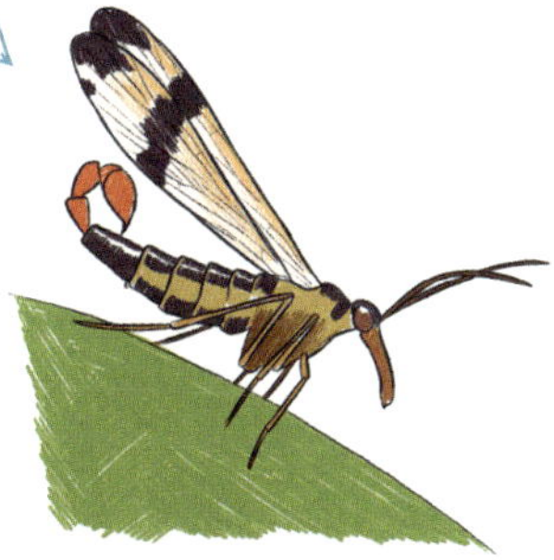

10 Añada tonos más oscuros en el tórax, el abdomen, las patas y en el punto donde se unen las alas para crear profundidad y volumen. Use un pincel suave para añadir reflejos en las zonas donde incide la luz. Use una pluma de punta fina y tinta negra para resaltar algunos contornos.

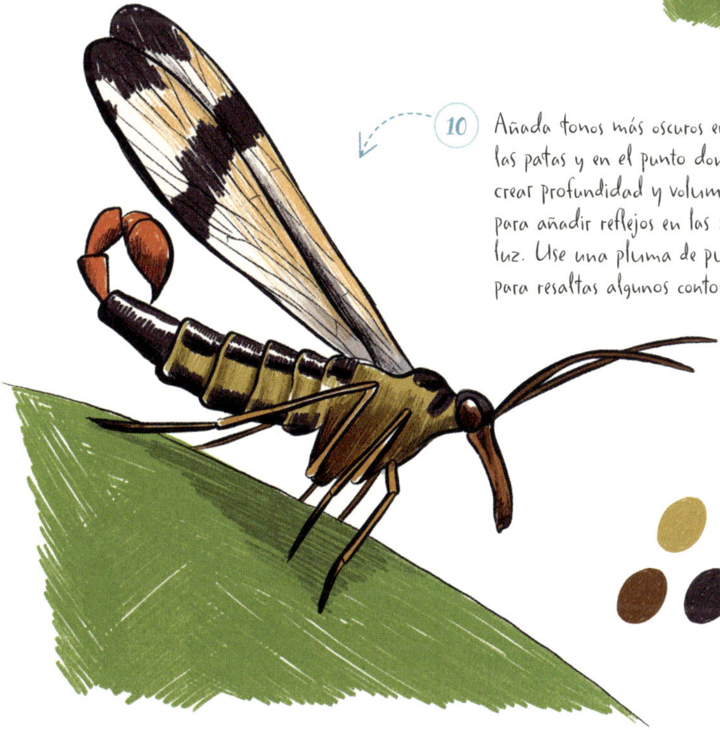

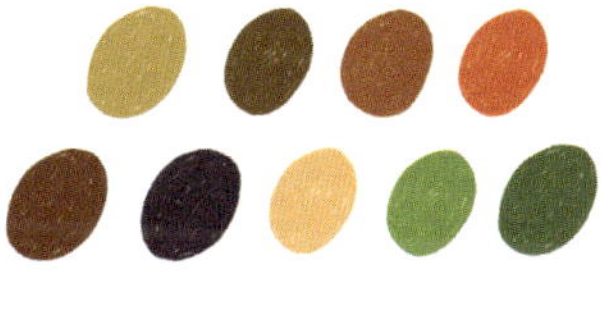

Otros insectos voladores
Zapatero

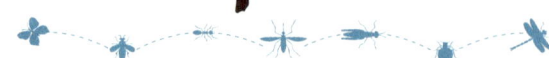

Los zapateros tienen seis patas largas y delgadas que les permiten deslizarse por la superficie del agua. Añada sombras en el suelo mojado para dar dinamismo al dibujo.

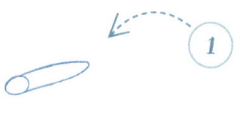

(1) Esboce un pequeño círculo como guía para la cabeza. Añada una forma alargada en U para el cuerpo.

(2) Añada guías para las antenas y el ojo.

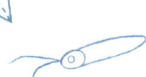

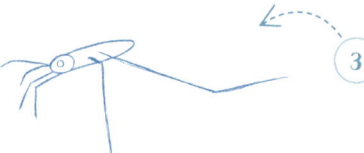

(3) Trace las patas delanteras y las dos del lado izquierdo, que son largas y se extienden hacia fuera.

(4) Trace las guías para las dos patas derechas.

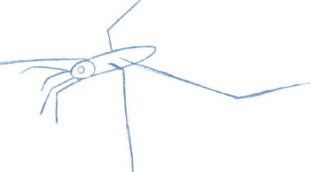

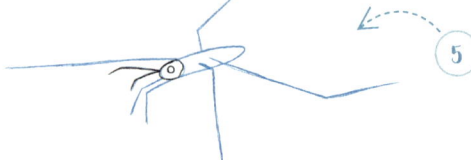

(5) Con una pluma, dibuje la cabeza y haga el contorno del ojo y las antenas.

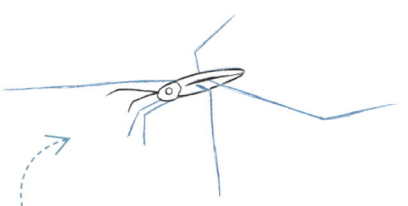

6 Dibuje el cuerpo y añada una línea a lo largo del dorso. Borre algunas guías.

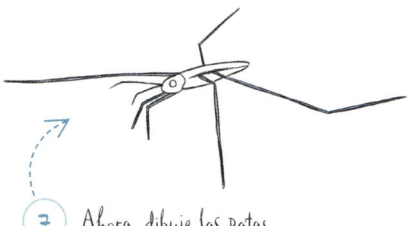

7 Ahora, dibuje las patas largas y segmentadas.

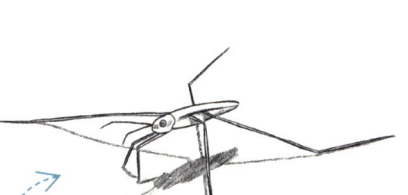

8 Con un lápiz, dibuje la sombra del zapatero en el agua. Borre las guías que queden.

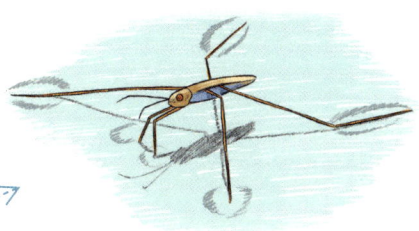

9 Ahora coloree el dibujo. Empiece con un azul claro para el agua. Con un azul más oscuro, dibuje algunas ondas alrededor de cada pata. Use tonos marrones y azules para el cuerpo, y naranja para las patas y los ojos.

10 Añada reflejos tenues a lo largo del exoesqueleto para crear un efecto brillante. Oscurezca las patas cerca de las articulaciones para darles volumen. Añada tonos más oscuros a las sombras que se reflejan en el agua.

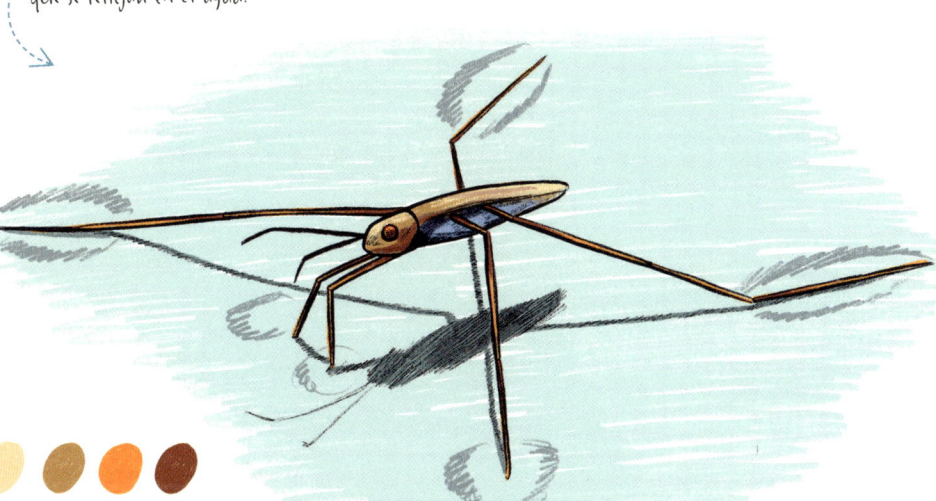

Nadador de espalda

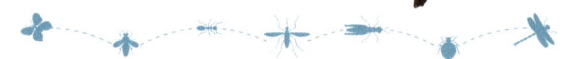

Al igual que el insecto conocido como barquero, el nadador de espalda cuenta con unas patas traseras en forma de remos, pero nada boca abajo para cazar a sus presas.

1 Esboce una pequeña forma triangular redondeada con una línea que separe la cabeza del tórax.

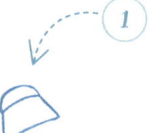

2 Trace un óvalo cónico y alargado como guía para el abdomen.

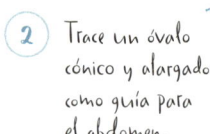
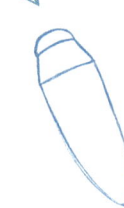

3 Haga las guías para las dos patas traseras; parten desde el centro del abdomen.

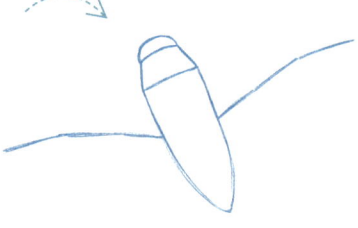

4 A continuación, trace las guías para las patas delanteras y las centrales.

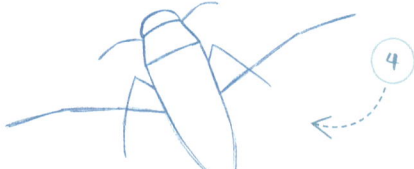

5 Con una pluma, dibuje dos ojos grandes compuestos y el contorno del tórax.

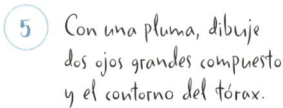
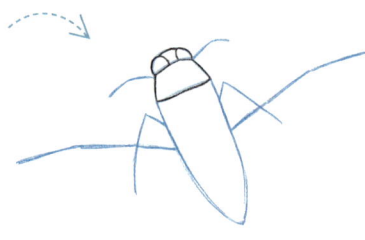

122

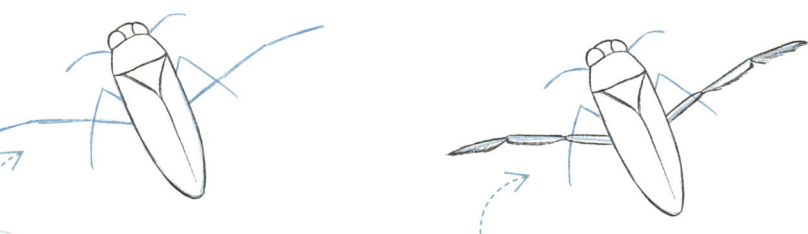

6 Dibuje las cubiertas alares (élitros) en la parte posterior del insecto.

7 Ahora, dibuje las patas traseras largas y articuladas y añada algunos trazos cortos para representar el pelaje. Borre algunas guías.

8 Continúe dibujando los detalles de las patas delanteras y centrales. Borre las guías que queden.

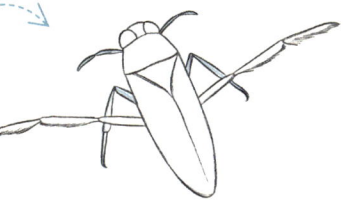

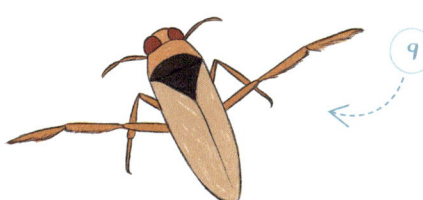

9 Ahora coloree el dibujo. Los nadadores de espalda suelen ser de color marrón claro, verdoso o grisáceo, con un cuerpo brillante y resistente al agua. Use marrón claro para la parte superior del cuerpo y las patas, y beis para los élitros. Añada una forma de diamante gris oscuro entre el tórax y el abdomen. Dé a los ojos un tono rojizo.

10 Añada reflejos tenues a lo largo del exoesqueleto para crear un efecto brillante. Oscurezca la parte inferior para crear contraste y añada un poco de sombreado más oscuro a las patas para darles volumen. Haga unos trazos cortos al final del cuerpo para representar el pelaje.

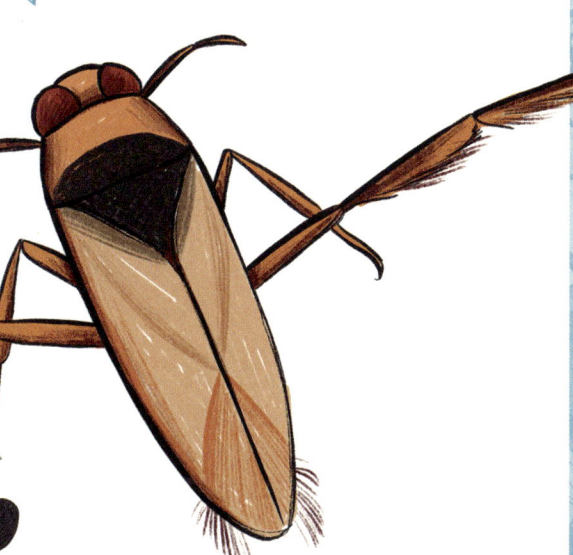

Araña de agua

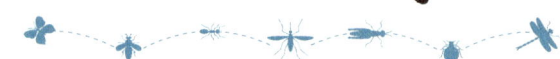

Este insecto acuático tienen seis patas largas y un pelaje fino que le permite vivir bajo el agua. Utilizan las patas delanteras para atrapar a sus presas.

1 Esboce un pequeño triángulo como guía para la cabeza y dos pequeños círculos para los ojos.

2 Añada dos óvalos como guías para el tórax y el abdomen.

3 Trace las dos patas delanteras, que se extienden hacia arriba.

4 A continuación, esboce las guías para las cuatro patas restantes, que deben estar dispuestas en ángulo hacia fuera para mostrar cómo distribuye su peso sobre el agua.

5 Con una pluma, dibuje la cabeza, dos ojos pequeños y una línea para indicar la boca.

124

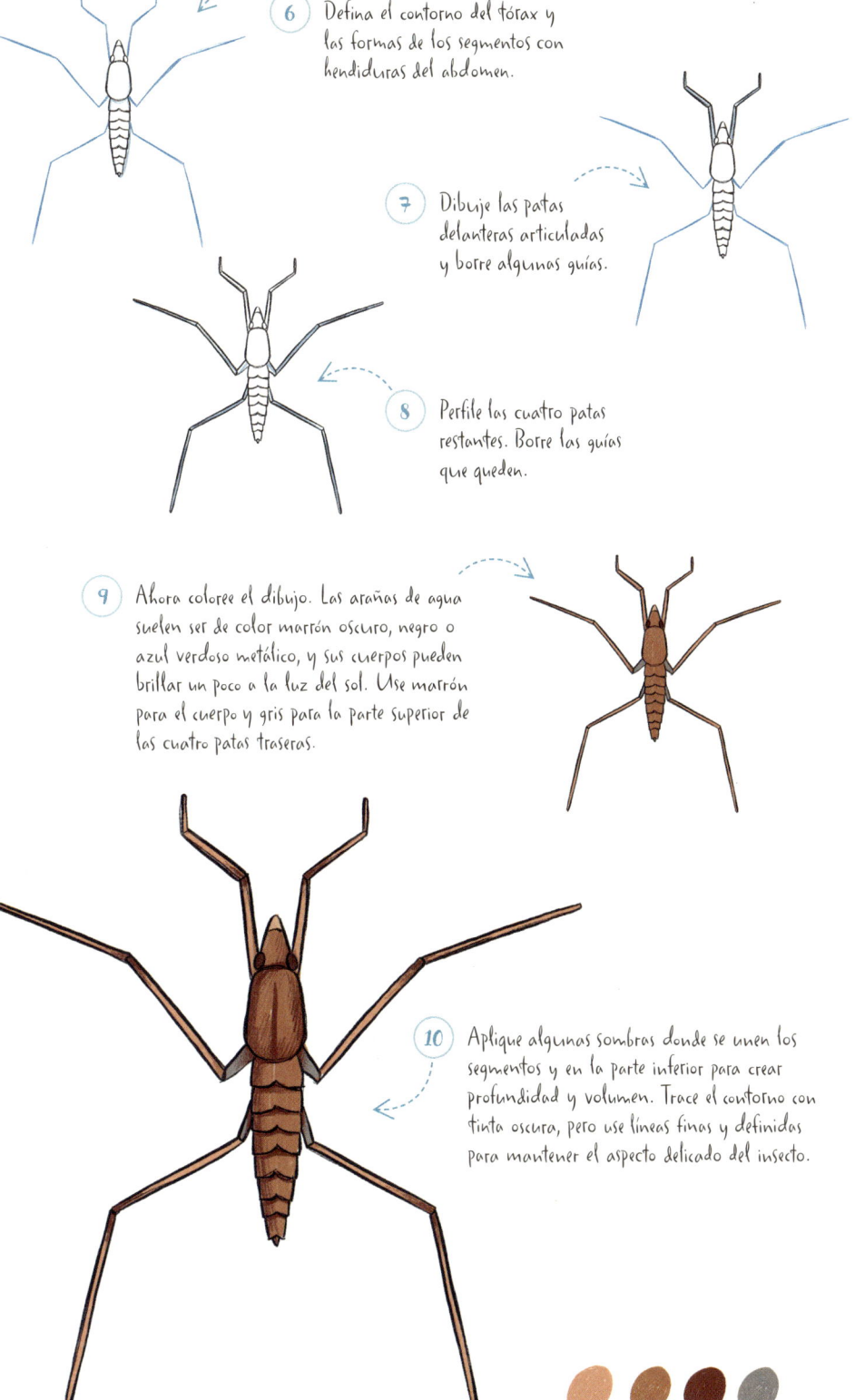

6) Defina el contorno del tórax y las formas de los segmentos con hendiduras del abdomen.

7) Dibuje las patas delanteras articuladas y borre algunas guías.

8) Perfile las cuatro patas restantes. Borre las guías que queden.

9) Ahora coloree el dibujo. Las arañas de agua suelen ser de color marrón oscuro, negro o azul verdoso metálico, y sus cuerpos pueden brillar un poco a la luz del sol. Use marrón para el cuerpo y gris para la parte superior de las cuatro patas traseras.

10) Aplique algunas sombras donde se unen los segmentos y en la parte inferior para crear profundidad y volumen. Trace el contorno con tinta oscura, pero use líneas finas y definidas para mantener el aspecto delicado del insecto.

Otros insectos voladores
Barquero

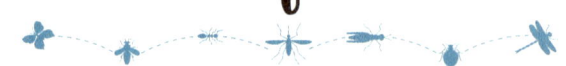

El barquero tiene unas patas traseras peludas y robustas que parecen remos y que le permiten deslizarse sobre la superficie del agua.

1 Empiece esbozando una forma ovalada grande, ligeramente estrecha en el extremo.

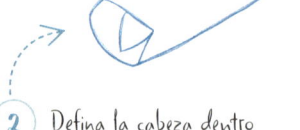

2 Defina la cabeza dentro del óvalo y añada un ojo grande en forma de triángulo.

3 Trace las guías para las patas delanteras y centrales.

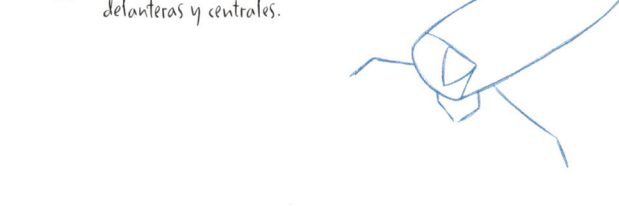

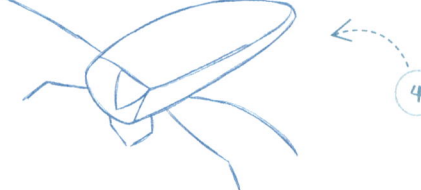

4 Haga lo mismo para las dos patas traseras, que son más largas y tienen forma de remo.

5 Con una pluma, dibuje dos ojos compuestos grandes y abultados, bastante separados entre sí; el ojo derecho se ve parcialmente. Luego, dibuje el contorno de la cabeza y de una parte del tórax.

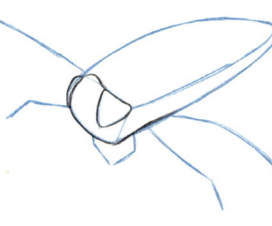

6 Dibuje las cubiertas alares (élitros) en el dorso del barquero.

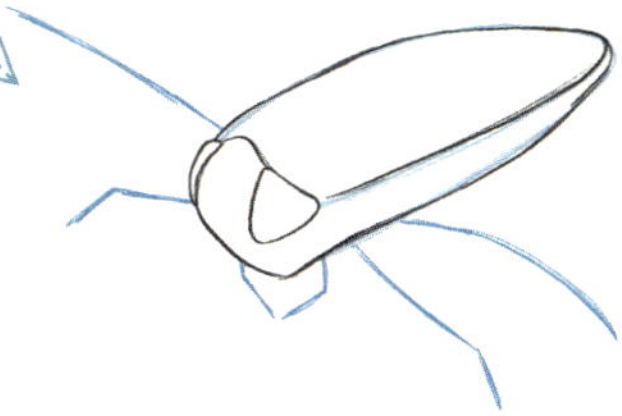

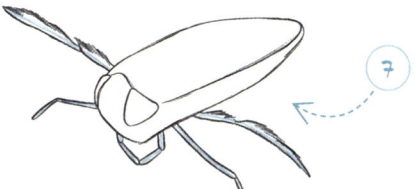

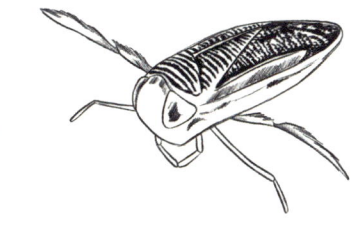

7 Dibuje las patas divididas en segmentos. Incluya los pelos finos de las patas traseras para mostrar su textura, que en definitiva es lo que le permite deslizarse sobre la superficie del agua. Borre algunas guías.

8 Añada sombras y más detalles. Dibuje unas líneas o segmentos tenues en el abdomen para indicar su estructura flexible. Aplique sombras o haga puntitos en el cuerpo y alrededor de las patas traseras para darles textura. Borre las guías que queden.

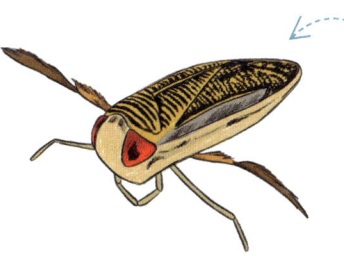

9 Ahora coloree el dibujo. Los barqueros suelen tener un exoesqueleto brillante que refleja la luz. Use marrón claro para el cuerpo y amarillo para los élitros. Pinte las patas de un marrón más oscuro y elija un tono rojizo para los ojos.

10 Use tonos más oscuros debajo del cuerpo para crear sombras y profundidad. Oscurezca las patas cerca de las articulaciones y añada unos trazos cortos al final del cuerpo para representar el pelaje.

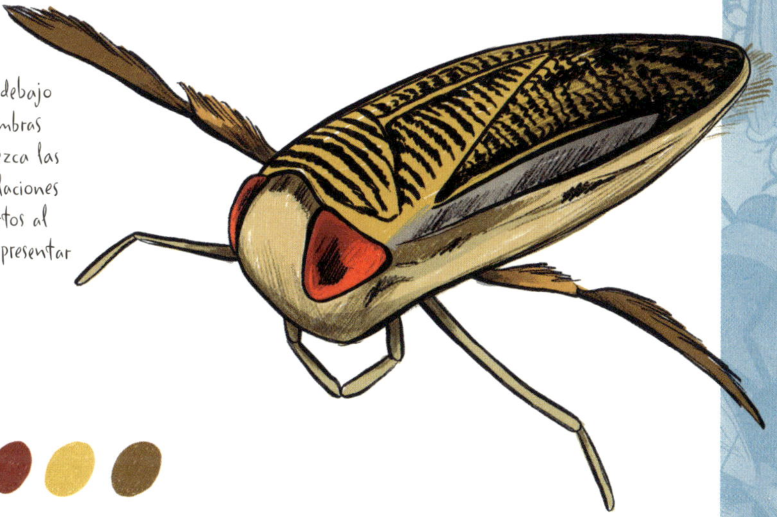

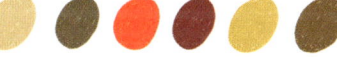

Acerca de la artista

Justine Lecouffe es una ilustradora francesa afincada en Irlanda. Lleva garabateando las aventuras de la vida desde que empezó a poder sostener un lápiz de color sin comérselo (la mayoría de las veces). Desde que dibujaba caricaturas de miembros de su familia a los cinco años hasta que se abrió camino ilustrando libros de texto, Justine sabía que estaba destinada a dedicar su vida al arte.

Lleva mucho tiempo trabajando en la serie *Dibujar en 10 pasos*, que acerca los temas más complejos a los artistas en ciernes.

Repletos de consejos y, por supuesto, tutoriales en 10 pasos tan fáciles de seguir como una receta de galletas, estos libros son los mejores compañeros para cualquiera que desee poner el lápiz sobre el papel y dar rienda suelta a su imaginación, y Justine está muy orgullosa de ellos.

Si quiere conocer su trabajo o compartir sus dibujos con ella, puede encontrar a Justine en Instagram @justine_lcf.

Agradecimientos

Me gustaría dar las gracias a todos y cada uno de los que han escogido los libros de *Dibujar en 10 pasos*: *Aves*, *Personas*, *Objetos cotidianos*, *Caras*, *Animales adorables*, *Caballos y ponis*, *Gatos* y *Perros*, y se han embarcado conmigo en este viaje creativo. Su apoyo y entusiasmo significan mucho para mí, y me encanta ver su trabajo en las redes sociales. ¡No dejen de dibujar, de soñar y de contagiar el amor por los libros y el arte!

También quisiera reiterar mi inmenso agradecimiento al equipo de The Bright Press por ofrecerme esta fantástica oportunidad. Gracias por creer en mi trabajo y por su compromiso de fomentar la creatividad y el talento en el sector editorial.